"十二五"江苏省高等学校重点教材（编号：2015－2－037）

21世纪全国高等院校汽车类创新型应用人才培养规划教材
汽车专业模块化系列教材

汽车发动机管理系统

主　编　贝绍轶
副主编　倪　彰　王奎洋
主　审　鲁植雄

北京大学出版社
PEKING UNIVERSITY PRESS

内 容 简 介

汽车专业模块化系列教材借鉴德国高等学校汽车专业课程体系及德国手工业协会教材特色，从工程应用的角度出发，集结构、原理、故障诊断为一体，彰显专业理论知识的系统性、整体性和科学性。 本书主要介绍了汽车发动机管理系统的控制原理、检测及故障诊断方法等。 全书共分5章，分别为电控汽油发动机管理系统、燃油直喷汽油发动机管理系统、电控柴油发动机管理系统、发动机防盗系统、混合动力汽车动力系统的结构与原理。 本书内容丰富全面，图文并茂，实用性强。

本书可作为高等学校汽车服务工程、车辆工程、交通运输及相关专业的本科生教材，亦可供汽车服务企业技术人员、管理人员及汽车爱好者阅读参考。

图书在版编目(CIP)数据

汽车发动机管理系统/贝绍轶主编. —北京： 北京大学出版社， 2016.6
(21世纪全国高等院校汽车类创新型应用人才培养规划教材)
ISBN 978-7-301-27083-7

Ⅰ. ①汽… Ⅱ. ①贝… Ⅲ. ①汽车—发动机—电气控制系统—高等学校—教材 Ⅳ. ①U464

中国版本图书馆 CIP 数据核字(2016)第 084043 号

书　　　　名	汽车发动机管理系统
	QICHE FADONGJI GUANLI XITONG
著作责任者	贝绍轶　主编
策 划 编 辑	童君鑫
责 任 编 辑	李娉婷
标 准 书 号	ISBN 978-7-301-27083-7
出 版 发 行	北京大学出版社
地　　　　址	北京市海淀区成府路 205 号　　100871
网　　　　址	http://www.pup.cn　新浪微博： @北京大学出版社
电 子 信 箱	pup_6@163.com
电　　　　话	邮购部 62752015　发行部 62750672　编辑部 62750667
印 刷 者	北京大学印刷厂
经 销 者	新华书店
	787 毫米×1092 毫米　16 开本　12 印张　276 千字
	2016 年 6 月第 1 版　　2016 年 6 月第 1 次印刷
定　　　　价	28.00 元

前　　言

　　汽车产业是我国国民经济发展支柱产业，连续 5 年产量和销量位居世界第一位，国内汽车年产销量已超过 2000 万辆，且市场需求持续旺盛。汽车产业的迅猛发展需要大量的从事汽车后市场服务的高端人才。在此背景下，全国有 120 余所本科院校顺应汽车后市场人才需求热潮，纷纷开设汽车服务工程专业，为汽车后市场输送了大量的技术人才。但随着汽车高度电子化、智能化的发展趋势，汽车已发展成为集计算机技术、智能控制技术、光电传输技术、新工艺和新材料为一体的高科技载体，汽车新技术的不断涌现及检测、诊断仪器设备的智能化和自动化，使得汽车服务企业对人才知识、能力的要求日益提升。因此，编写系统性、整体性强的专业模块化系列教材，对培养具有工程实践能力和创新能力的应用型人才意义重大。

　　"他山之石，可以攻玉"。为满足社会对高端汽车服务业人才的迫切需求，编者借鉴德国高等学校汽车专业课程体系及德国手工业协会教材特色，集汽车各系统的构造、原理、故障诊断等知识于一体，与中外相关汽车服务行业专家共同制定了以"实践为主、学术并重"的模块化、本土化教材编写大纲及教材编写标准，并根据多年从事汽车服务工程专业的教学经验，编写了系列教材。

　　本系列教材包括《汽车底盘机械系统》《汽车底盘控制系统》《汽车发动机管理系统》《汽车发动机机械系统》《汽车车身控制系统》，其特色如下。

　　（1）打破学科体系下的教材编写模式，将课程内容模块化，紧扣工程实际，从汽车的结构原理出发分析故障产生的机理、原因。

　　（2）在内容结构顺序上先简述汽车各系统的构造和原理，再详细分析各系统故障诊断的思路、方法，并用经典故障案例加以佐证。

　　（3）内容丰富全面，信息量大，图文并茂、技术先进、实用性强。

　　《汽车发动机管理系统》详细阐述了发动机管理系统的结构、工作原理及故障诊断方法等，主要内容为：电控汽油发动机管理系统的结构、工作原理及诊断方法；燃油直喷汽油发动机管理系统结构及工作原理；电控柴油发动机管理系统结构、原理；发动机防盗系统结构、原理及诊断方法等；混合动力汽车动力系统组成、结构及控制原理等，并以典型轿车为例，阐述了上述各系统控制原理及故障的具体诊断流程。

　　《汽车发动机管理系统》由江苏理工学院贝绍轶教授主编并统稿，江苏理工学院倪彰、王奎洋任副主编，施卫、杭卫星、陈卫兵参编，其中：第 1 章由王奎洋、施卫编写，第 2 章由杭卫星编写，第 3 章由倪彰、施卫编写，第 4 章由陈卫兵编写，第 5 章由倪彰编写。

　　《汽车发动机管理系统》由南京农业大学鲁植雄教授主审，鲁植雄教授仔细阅读了全书的原稿，并提出了许多建设性意见，在此表示最诚挚的谢意。

　　本系列教材在编写过程中得到了大众奥迪汽车 4S 站、宝马 4S 站等企业技术人员的大力支持；同时参考了部分企业内训材料和图书出版资料，谨此表示衷心的感谢和崇高的

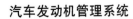

敬意。

　　由于编者水平有限，加之经验不足，书中难免存在疏漏之处，恳请广大读者批评指正。

编　者

2015 年 12 月

目　　录

第1章
电控汽油发动机管理系统

 本章教学目标

了解电控汽油发动机管理系统的优点及主要控制内容，理解电控汽油喷射系统、电控点火系统的结构、工作原理及控制原理，掌握主要辅助控制系统的作用、结构及工作原理，掌握汽油发动机集中控制系统的概念、组成及控制方式。

本章教学要点

知识要点	能力要求	相关知识
电控汽油喷射系统结构、工作原理及控制原理	理解空气供给系统、汽油供给系统及电子控制系统的结构、工作原理，理解汽油喷射量及喷油时刻的控制原理	各种传感器、执行器及其他相关部件的结构与工作原理，基本喷油量的确定方式及修正方法
电控点火系统结构、工作原理及控制原理	了解点火系统的基本要求，熟悉电控点火系统的分类方式，理解点火时刻控制、点火能量控制及爆燃控制的作用及原理	最佳点火提前角的影响因素及确定方法，点火时刻精确控制的实现方法，爆燃传感器及爆燃控制的作用及控制原理
辅助控制系统的分类、作用、结构及工作原理	了解辅助控制系统的概念及分类，熟悉进气控制系统、怠速控制系统、排放控制系统及故障自诊断系统的功能、结构及工作原理	进气谐波增压控制系统、废气涡轮增压系统、可变气门控制系统、怠速控制系统、汽油蒸发排放控制系统、废气再循环控制系统、二次空气喷射系统及故障自诊断系统等

汽油发动机是汽车上重要的动力装置形式，其性能的好坏直接影响汽车的动力性、经济性、可靠性及排放性能等。电控汽油发动机管理系统能充分利用电子技术、计算机技术及现代控制理论的优势，极大限度地优化发动机的工作状况，提高发动机的动力性、经济性等性能，降低汽车尾气中有害物质的排放量。目前，电控汽油发动机管理系统是一个综合型控制系统，除了包含两个主要的控制系统：电控汽油喷射系统和电控点火系统，还包括进气控制系统、怠速控制系统、排放控制系统、故障自诊断系统等辅助控制系统。

1.1　电控汽油喷射系统

1.1.1　电控汽油喷射系统概况

电控汽油喷射系统的控制内容主要包括喷油量控制与喷油时刻控制，将具有一定压力的汽油适时喷射到进气歧管或气缸内，使发动机在各种工况下都能提供适量的、雾化良好的汽油，获得最佳空燃比（A/F）的可燃混合气，从而提高动力性、降低油耗、减少排气污染。

相较于传统化油器式发动机，电控汽油喷射系统具有如下优点：

（1）进气阻力小。进气管道中没有了喉管的阻碍作用，进气歧管设计自由度大，使发动机的充气效率得以提高，从而有效地提高了发动机的动力性。

（2）雾化效果好。汽油以一定压力喷出，雾化质量高，有助于形成空燃比适当、各缸均匀的混合气，充分发挥汽油的效能，降低油耗和排气污染。在发动机处于低温、低速时，仍具有良好的雾化效果，改善了发动机的低温起动性能和汽车的爬坡性能。

（3）空燃比控制精度高。电控汽油喷射系统可直接或间接测量发动机的进气量，进而计量出发动机燃烧所需的供油量，同时根据冷却液温度、尾气中氧含量等参数进行适时修正，以此精确控制发动机各种工况下的空燃比，有效提高其动力性、经济性及排放性能。

（4）动态响应快。由于汽油以一定的压力直接喷射到进气歧管或气缸内，对节气门的响应速度快，可以消除发动机改变工况时汽油供给的迟滞现象，有利于提高汽车的加速性能。

（5）便于协调控制。汽车各个电子控制系统之间的协调控制，可使汽车的安全性、舒适性、动力性及经济性进一步提高。例如，电控汽油喷射系统与电控点火系统、驱动防滑系统等之间的协调控制。

1.1.2　电控汽油喷射系统的分类

电控汽油喷射系统发展至今，已出现多种类型，常见分类方式如下：

1. 按喷油器的控制方式分类

按照喷油器的控制方式不同，电控汽油喷射系统可分为机械控制式、机电控制式及电子控制式三种。

1）机械控制式

机械控制式通过油路中的压力油顶开喷油器实现喷油，由空气流量计的感知板根据进气管空气流量动作，并通过柱塞式比例阀的联动来控制喷油量。这种机械控制方式在工作过程中喷油器连续喷油，通过控制喷射流量来调节空燃比。

2）机电控制式

机电控制式是机械控制式的改进型，在机械控制式的基础上增设了一个由电子控制单元(ECU)控制的电液流量调节器，使其适应性和控制功能得以提高。

3）电子控制式

电子控制式由 ECU 根据发动机各个传感器输入信号产生适当的喷油脉冲信号，控制喷油器喷油。电子控制式一般为间歇喷油方式，其喷油压力一定，通过控制喷油器开启时间来控制喷油量。

2. 按喷油器的安装位置分类

按照喷油器的安装位置不同，电控汽油喷射系统可分为缸外喷射与缸内喷射两种形式，如图 1.1 所示。

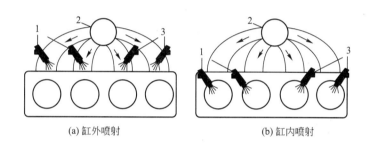

(a) 缸外喷射　　　　　　　　　　(b) 缸内喷射

图 1.1　喷油器的安装位置

1，3—喷油器；2—节气门体

1）缸外喷射

缸外喷射是指喷油器将汽油喷射到进气歧管内或节气门处进气管道中。缸外喷射可以采用连续喷射或间歇喷射方式，喷射出的汽油颗粒有较为充足的时间与空气混合形成可燃混合气，对发动机机体设计改动较小，喷油器不受气缸内高温、高压的直接影响，喷油压力不高（大约 0.2～0.3MPa）、结构简单、成本较低，因此目前应用较为广泛。

2）缸内喷射

缸内喷射是指喷油器直接将汽油喷射到气缸内部。由于汽油黏度低而喷射压力较高（大约 0.3～0.4MPa），且缸内工作条件恶劣(高温、高压)，因此对喷油系统的技术条件和加工精度要求较高。缸内喷射的优越性在于能够实现稀薄混合气燃烧，有利于降低汽油消耗、控制有害气体排放，因此缸内喷射是电控汽油喷射技术的发展方向。目前，美国、德国、日本等国家开发的缸内直喷技术产品已比较成熟，国内市场上也已出现装有缸内直喷汽油发动机的汽车，这部分内容将在后续章节做详细介绍。

3. 按喷油器的数目分类

按照喷油器的数目不同，电控汽油喷射系统可分为单点喷射(SPI)与多点喷射(MPI)两种形式，如图 1.2 所示。

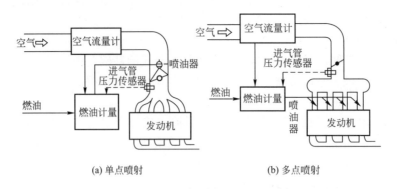

(a) 单点喷射　　　　　　　　　(b) 多点喷射

图 1.2　单点喷射与多点喷射的结构

1) 单点喷射

单点喷射是在进气管的节气门体上安装一个中央喷射装置，用一个或两个喷油器集中向进气管道内喷射汽油形成可燃混合气，在发动机进气行程时被吸入气缸内，因此也称为节气门体喷射或中央喷射。单点喷射系统可采用较低的喷油压力（大约 0.1MPa），虽然存在各缸燃料分配不均及供油滞后等缺点，但其结构简单、成本低廉、故障率低，故在早期的电控汽油喷射系统中曾得到广泛应用。

2) 多点喷射

多点喷射是在每个气缸进气歧管或气缸盖上安装一个喷油器，喷油器数量与发动机气缸数相同，各个气缸之间的混合气浓度较为一致，而且在设计进气管时可以充分利用空气惯性的增压效应以实现高功率化设计。多点喷射的控制精度、灵敏度等均优于单点喷射，是当前电控汽油喷射系统广泛采用的形式。

4. 按喷油器的喷射方式分类

按照喷油器的喷射方式不同，电控汽油喷射系统可分为连续喷射和间歇喷射两种形式。

1) 连续喷射

连续喷射又称为稳定喷射，发动机工作过程中喷油器一直处于喷油状态，汽油被连续不断地喷入进气管道或进气歧管内。由于连续喷射不需要考虑发动机的工作时序，故其控制系统的结构原理较为简单，但空燃比的控制精度不高。单点喷射系统及早期的多点喷射系统采用连续喷射方式。

2) 间歇喷射

间歇喷射又称为脉冲喷射或同步喷射，其特点是喷油频率与发动机转速同步，喷油量取决于喷油器的开启时间（喷油脉冲宽度）。控制单元根据各种传感器所获得的发动机运行参数动态变化情况，精确计量发动机所需的喷油量，再通过控制喷油脉冲宽度来控制发动机各种工况下可燃混合气的空燃比。由于间歇喷射方式的控制精度相对较高，已完全取代了早期的连续喷射方式。间歇喷射又可分为同时喷射、分组喷射和顺序喷射三种形式，如图 1.3 所示。

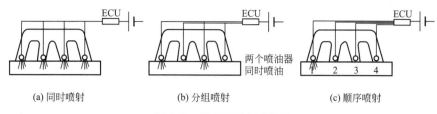

图 1.3　间歇喷射方式分类

（1）同时喷射。同时喷射是按照发动机的转动节拍，各缸喷油器同时喷油，只用一个喷油器驱动电路，结构简单，成本低廉，但空燃比的控制精度相对较低。

（2）分组喷射。分组喷射是将喷油器分成两组或三组，按照发动机转动节拍，各组交替喷油。分组喷射的控制精度有所提高，但增加了喷油器驱动电路，且需要分组气缸识别信号，控制电路相对复杂。

（3）顺序喷射。顺序喷射是指喷油器按照发动机的工作顺序依次进行喷油，可实现在最佳时刻向各缸喷射所需的汽油量，有利于改善发动机的工作性能。这种喷射方式需要各个气缸识别信号及与气缸数相等的喷油器驱动电路，因此其控制系统的结构及软件更为复杂。随着电子技术的发展，从 20 世纪 90 年代起，电控汽油喷射系统基本都已采用顺序喷射方式。

5．按进气量的检测方式分类

按照进气量的检测方式不同，电控汽油喷射系统可分为间接检测和直接检测两种形式。

1）间接检测方式

间接检测方式又可分为速度-密度方式与节气门-速度方式。速度-密度方式是根据进气歧管压力和发动机转速来计量发动机每个工作循环的进气量；节气门-速度方式则是根据节气门开度和发动机转速来计量发动机每个工作循环的进气量。采用速度-密度方式的电控汽油喷射系统也称为 D 型电控汽油喷射系统（D 为压力的德文单词 Duck 的首字母）。由于空气在进气管道内流动时会产生压力波动，且不同工况下的进气流量相差较大，因此D 型电控汽油喷射系统的进气量测量精度不高，但其进气阻力小，充气效率高，使用成本较低。节气门-速度方式目前已很少单独使用，一般作为速度-密度方式或直接检测方式的备用进气量检测方式。

2）直接检测方式

直接检测方式是通过空气流量计直接测量发动机的进气量，再根据进气量与发动机转速来确定发动机每个工作循环所需的供油量，因此相对于间接检测方式，其测量精度高、稳定性好。直接检测方式根据所用空气流量计的不同，又可分为体积流量式与质量流量式，其中质量流量式测量精度较好，目前使用较多。采用直接检测方式的电控汽油喷射系统也称为 L 型电控汽油喷射系统（L 为空气的德文单词 Luft 的首字母）。

6．按控制系统的结构分类

按照控制系统的结构不同，电控汽油喷射系统可分为开环控制和闭环控制两种形式。

1) 开环控制

开环控制是把根据实验确定的发动机各种运行工况所对应的最佳供油量的数据事先存入控制单元中，发动机在实际运行过程中，主要根据各个传感器的输入信号，判断发动机所处的运行工况，找出最佳供油量，发出控制信号。控制信号经功率放大器放大后，驱动电磁喷油器动作，以此精确地控制混合气的空燃比，使发动机处于最佳状态运行。因为开环控制系统只受发动机运行工况参数变化的控制，且按事先设定在计算机程序存储器中的实验数据流工作，所以其优点是简单易行，缺点是精度直接依赖于所设定的基准数据的精度和电磁喷油器调整标定的精度，当喷油器及传感器系统性能变化时，混合气不能正确地保持预定的空燃比。因此，它对发动机及控制系统的各个组成部分的精度要求高，系统本身抗干扰能力较差，而且当使用工况超出预定范围时，不能实现最佳控制。

2) 闭环控制

闭环控制是在排气管上加装了氧传感器，可根据排气中含氧量的变化，测出吸入发动机燃烧室内混合气的空燃比，并把它输入到控制单元中并与设定的目标空燃比进行比较，将偏差信号经功率放大器放大后再驱动电磁喷油器喷油，使空燃比保持在设定目标值附近。因此，闭环控制可达到较高的空燃比控制精度，并可消除因产品差异和磨损等引起的性能变化对空燃比的影响，工作稳定性好，抗干扰能力强。此外，采用闭环控制的汽油喷射系统后，可保证发动机运行在理论空燃比附近很窄的范围内，使三元催化装置对排气净化处理达到最佳效果。

由于发动机某些特殊运行工况(如起动、暖机、加速、大负荷等)，需要提供较浓的混合气来保证发动机的相应性能，所以在现代电控汽油喷射系统中，通常采用开环控制与闭环控制相结合的控制方式。

1.1.3　电控汽油喷射系统的组成与原理

虽然不同国家、不同生产厂家所生产的电控汽油喷射系统在控制功能、控制参数、控制精度及控制部件数量与类型等方面会存在一定的差异，但电控汽油喷射系统的组成通常是相似的，主要由空气供给系统、汽油供给系统和电子控制系统三部分组成。

1. 空气供给系统

空气供给系统的作用是控制和计量发动机工作所需要的空气量。它主要由空气滤清器、空气流量计或进气歧管压力传感器、进气管道、节气门控制组件、进气歧管等组成，典型结构如图 1.4 所示。空气经空气滤清器过滤后，通过进气管道和节气门控制组件，在进气歧管与喷油器喷出的汽油混合后，被吸入气缸参与燃烧。

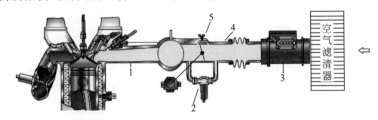

图 1.4　空气供给系统的结构

1—进气歧管；2—怠速控制装置；3—空气流量计；4—进气管道；5—节气门控制组件

通常在汽车行驶时，空气流量由驾驶员通过操纵加速踏板调节节气门开度进行控制。在发动机怠速运转时，空气流量则由控制单元调节怠速控制装置进行控制，相关内容在后续章节做具体介绍。在L型电控汽油喷射系统中，发动机进气量由空气流量计计量；在D型电控汽油喷射系统中，发动机进气量通过进气歧管压力传感器计量。

2. 汽油供给系统

汽油供给系统的作用是供给发动机燃烧过程所需要的汽油，并对汽油进行过滤和雾化。它主要由油箱、汽油泵、汽油滤清器、汽油压力调节器及喷油器等组成，典型结构如图1.5所示。汽油泵将汽油从油箱内压出，经过汽油滤清器过滤与汽油压力调节器调压后，通过油管输送给喷油器，喷油器再根据ECU发出的喷油脉冲信号进行准确喷油，将汽油进行很好的雾化，并与空气混合形成可燃混合气。

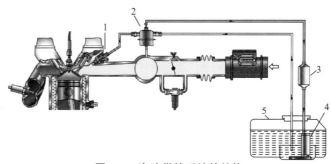

图1.5 汽油供给系统的结构

1—喷油器；2—汽油压力调节器；3—汽油滤清器；4—汽油泵；5—油箱

1) 汽油泵

汽油泵的作用是将汽油从油箱内吸入、压出，为汽油供给系统提供源源不断的具有一定压力的汽油。根据安装位置的不同，汽油泵可分为内置式和外置式两种。相比而言，由于内置式汽油泵安装在油箱内，不易发生气阻和漏油现象，对油泵的自吸性能要求较低，噪声小，故目前电控汽油喷射系统广泛采用内置式汽油泵。

汽油泵主要由泵体、电动机、单向阀、安全阀及外壳等组成，如图1.6所示。电动机通电工作带动泵体转动，将汽油从进油口吸入，流经汽油泵内部后从出油口压出，给整个汽油供给系统供油。单向阀的作用是防止汽油泵不工作时汽油回流，使油管内保持一定的油压，以使发动机再次起动时不会发生气阻现象，并能及时供油而易于起动。安全阀的作用是防止油路堵塞而引起管路油压过高造成管路破裂或汽油泵损坏等现象。当油泵输出压力超过一定值(如400kPa)时，安全阀会自动打开，高压汽油可回至油泵的进油口处，从而降低供油系统的油压。

根据泵体的结构不同，汽油泵又可分为滚柱式、齿轮式、涡轮式等形式，下面以滚柱式泵体为例简要介绍汽油泵。滚柱式汽油泵的泵体主要由转子、滚柱及泵套等组成，如图1.7所示。当电动机带动转子旋转时，位于凹槽内的滚柱在离心力的作用下，紧压在泵套内表面上，且与转子及泵套构成了多个密封腔。这些密封腔的容积在油泵运转过程中发生周期性变化。当密封腔的容积不断增大时，可形成低压油腔，将汽油吸入；相反，便可形成高压油腔，高压汽油经出油口压出。

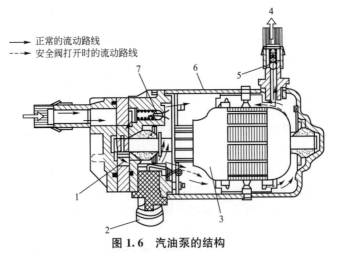

图 1.6 汽油泵的结构

1—泵体；2—电连接器；3—永磁电动机；4—出油口；5—单向阀；6—外壳；7—安全阀

2）汽油压力调节器

电控汽油喷射系统工作时，喷油器的喷油量由喷油压力及开启时间确定，其中喷油压力是指喷油器前后压力的差值，数值上等于系统油压与进气歧管压力之差。汽油压力调节器的作用是使喷油器的系统油压或喷油压力保持稳定，以保证控制单元通过控制喷油器的喷油时间即可准确控制汽油喷射量。按照调节方式的不同，汽油压力调节器有绝对压力调节和相对压力调节两种形式。

（1）绝对压力调节器。

绝对压力调节器的结构，如图 1.8 所示。当汽油压力超过设定值时，汽油压力则会推动膜片上移而使出油阀开启，部分汽油经出油阀、回油管流回油箱，使油压降低。当汽油压力低于设定值时，弹簧力使膜片下移而关闭出油阀，油压又会上升。绝对压力调节器的膜片跟随汽油压力变化而振动，控制出油阀的开启与关闭，将系统油压稳定在恒定范围内。通过调节螺钉改变弹簧的预紧力即可调整系统油压的设定值。

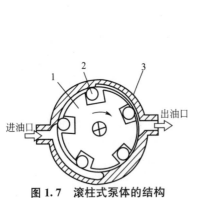

图 1.7 滚柱式泵体的结构

1—转子；2—滚柱；3—泵套

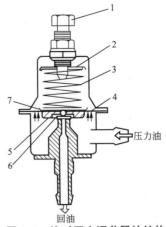

图 1.8 绝对压力调节器的结构

1—调节螺钉；2、7—弹簧座；3—弹簧；
4—膜片；5—阀托盘；6—阀体

绝对压力调节器一般与汽油泵、汽油滤清器及相应油管等集成在一起，安装在油箱内，构成无回油管供油系统，如图1.9所示。无回油管供油系统在油箱内实现油压调节，多余的汽油在油箱内完成回流，通过油管向连接各个喷油器的汽油分配管提供恒定的系统油压。这样可以避免温度较高的回油进入油箱而导致油温升高，减小了油箱内汽油蒸发的速度，降低了汽油蒸发排放控制系统的负担，提高了发动机的热机起动性能。

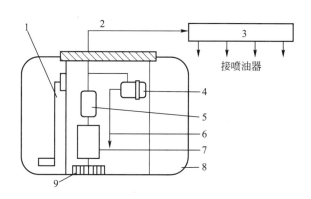

图1.9 无回油管供油系统的结构

1—油面传感器；2—供油管；3—汽油分配管；4—汽油压力调节器；5—汽油滤清器；
6—油箱内回油管；7—汽油泵；8—油箱；9—滤网

绝对压力调节器的不足是没有顾及进气歧管压力变化对喷油压力的影响，喷油压力会随进气歧管压力的变化而改变，从而导致实际喷油量发生变化，影响空燃比的控制精度。因此，采用绝对压力调节器的电控汽油喷射系统，控制单元需根据进气歧管压力的变化对喷油器的喷油时间作适当修正。

（2）相对压力调节器。

相对压力调节器一般安装在汽油分配管上，结构如图1.10所示。金属外壳的内部被膜片分隔为弹簧室和汽油室。其中，弹簧室通过一根软管与发动机进气歧管相通，而汽油室直接与汽油分配管相通。因此，膜片下方汽油室一侧承受汽油分配管的油压，即系统油压，而另一侧则受进气歧管负压与弹簧压力的合力作用。

当发动机工作时，若进气歧管负压增加，则作用在膜片弹簧室侧的压力减小，在系统油压作用下膜片上移，增加回油阀开度使多余的汽油从回油管流回油箱，系统油压随之相应减小，从而使得喷油器的喷油压力不随进气歧管压力的变化而变化。由于喷油器的喷油压力为喷油器阀口两端的系统油压与进气歧管压力的差值，而膜片受力平衡时系统油压为弹簧压力与进气歧管压力之和，所以喷油器的喷油压力大小主要取决于弹簧压力。当发动机停止工作时，汽油泵停止转动，在弹簧压力与大气压力作用下回油阀关闭，使系统油压保持一定的残余压力，便于发动机的再次起动。

相对压力调节器的系统油压调节范围一般控制在$250 \sim 300$kPa，典型工作特性如图1.11所示。

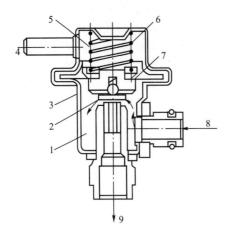

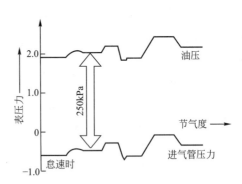

图 1.10　相对压力调节器的结构示意图

图 1.11　相对压力调节器的工作特性

1—汽油室；2—回油阀；3—壳体；4—真空接口；

5—弹簧室；6—弹簧；7—膜片；8—进油口；9—出油口

3）喷油器

喷油器的实质是一个电磁阀，是汽油供给系统的一个关键部件，根据 ECU 发出的喷油脉冲信号，精确控制汽油喷射量，同时将汽油喷射后雾化。

喷油器是一种加工精度非常高的精密仪器，要求动态流量范围大、雾化性能好、抗堵塞能力强。世界各国汽车公司先后开发了各种不同结构形式的喷油器，以满足上述性能要求。

根据结构特点不同，喷油器有几种不同的分类形式。根据喷油器的燃料送入方式，可分为顶供式喷油器和底供式喷油器；根据喷油器的用途，可分为单点式喷油器和多点式喷油器；根据喷油器的阻值大小，可分为低阻型喷油器和高阻型喷油器；根据喷油器的喷口特点，可分为轴针式、球阀式及片阀式喷油器。下面以典型的轴针式喷油器为例，介绍其结构与工作原理。

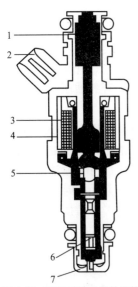

（1）喷油器的结构与原理。

轴针式喷油器的基本结构如图 1.12 所示，主要由喷油器外壳、针阀、弹簧、衔铁及电磁线圈等组成。电磁线圈无电流通过时，喷油器内的针阀被螺旋弹簧压在喷油器出口处的密封锥形阀座上。当 ECU 发出喷油脉冲信号时，喷油器的电磁线圈电路被触发接通，电磁线圈产生电磁力，吸动衔铁带动针阀离开阀座上移约 0.1mm，压力汽油从针阀与阀座之间精密环形缝隙中喷出。当喷油脉冲信号结束后，喷油器电磁线圈的电流被切断，电磁力迅速消失，在螺旋弹簧的作用下，针阀迅速回位，阀门关闭，喷油器停止喷油。

一般汽油经汽油分配管分配到各缸喷油器，从其顶部供油且在喷油器体内轴向流动，而且只有在针阀开启时汽油才流动。因

图 1.12　轴针式喷油器的结构

1—滤网；2—接口；

3—电磁线圈；4—弹簧；

5—衔铁；6—针阀；7—轴针

此，在发动机室的温度较高时，易产生气阻，影响汽车的热起动性能。为此，若采用底部供油方式，由于汽油可围绕阀座区经喷油器内腔从上部不断地流出，对喷油器计量部位的冷却效果十分明显，故可有效地防止气阻产生，提高汽车热起动的可靠性。此外，由于采用底部供油方式的喷油器可省去汽油分配管，有利于降低成本，故在现代汽车上应用日趋广泛。

（2）喷油器针阀的工作特性。

喷油器针阀的工作特性如图1.13所示。由于喷油器针阀的机械惯性及电磁线圈磁滞性等影响，针阀的运动将产生滞后现象。当喷油脉冲加至喷油器电磁线圈后，针阀升至最大升程时刻相对驱动脉冲上升边沿滞后 T_o；而喷油脉冲消失时，针阀完全落座关闭相对驱动脉冲下降边沿滞后 T_c。同时可以看到，由于阀门开启的滞后时间 T_o 较阀门关闭的滞后时间 T_c 长，故 T_o 与 T_c 的差值称为无效喷射时间。通常，蓄电池电压对喷油器阀门开启时的滞后时间 T_o 影响较大，而对喷油器阀门关闭时的滞后时间 T_c 影响很小。因此，当蓄电池的电压发生变化时，将对喷油器的喷油量产生影响，必须加以修正。

（3）喷油器的驱动电路。

喷油器的驱动方式可分为电压驱动与电流驱动两种，电压驱动既可用于低阻型喷油器，也可用于高阻型喷油器（12～17Ω），电流驱动只用于低阻型喷油器（0.6～3Ω）。

① 电压驱动方式。喷油器电压驱动方式的电路如图1.14所示，ECU中的喷油器脉冲信号驱动电路采用饱和驱动电路。其原理为从驱动脉冲接通电路开始，电磁线圈中的电流逐渐增大，增大到一定程度时针阀开启，之后电流继续增大，直至电流达到饱和。由于功率晶体管（VT_1）截止时，电磁线圈两端可能产生较高的感应电动势，与电源电压同时作用在 VT_1 上，可将其击穿。为了保护 VT_1 及缩短喷油器针阀关闭时间，在驱动回路中常设有消弧回路。

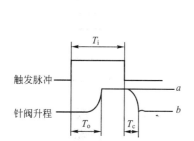

图 1.13 喷油器针阀的工作特性

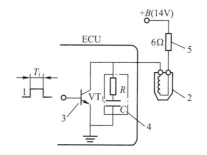

图 1.14 喷油器电压驱动方式的电路
1—输入脉冲；2—喷油器；3—功率晶体管（VT_1）；
4—消弧回路；5—附加电阻

针对高阻型喷油器电压驱动回路，由于喷油器电磁线圈的阻值较大，驱动回路中不需串接附加电阻，但由于电磁线圈自感电动势的阻碍作用，线圈电流呈指数规律逐渐上升，使得喷油器针阀开启速度较慢，喷油器的动态性能较差。低阻型喷油器电磁线圈的匝数较少，自感电动势较小，因此其动态响应相对较好。由于电磁线圈电阻较小会使线圈的工作电流增加，加速了线圈的热损耗，因此需在电磁线圈电路中增加一个附加电阻。电路中加入附加电阻后，将导致回路阻抗增加，使喷油器的工作电流减小，降低了喷油器的磁场力，从动态范围看，稍有不利。

通常，低阻型喷油器可用 5~6V 电压来驱动，其电磁线圈的电阻较小，在检修时不能直接与 12V 电源连接，否则会烧坏电磁线圈。高阻型喷油器则用 12V 电压来驱动，其电磁线圈的电阻较大，在检修时可直接与 12V 电源连接。

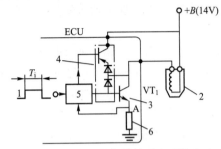

图 1.15　喷油器电流驱动方式的电路
1—输入脉冲；2—喷油器；3—功率晶体管（VT_1）；
4—消弧回路；5—电流控制回路；6—电流反馈电阻

② 电流驱动方式。喷油器电流驱动方式的电路如图 1.15 所示。ECU 中的喷油器脉冲信号驱动电路采用了峰值-保持驱动电路，只适用于低阻型喷油器。

电流驱动方式的驱动回路中没有使用附加电阻，而是把喷油器直接与电源连接，故回路阻抗小，电磁线圈电流上升快，针阀能快速打开，缩短了无效喷射时间，喷油器的动态响应好。此外，电流驱动方式的驱动回路中增加了电流反馈电路，用于限制喷油器电磁线圈的最大工作电流。当 VT_1 根据 ECU 喷油脉冲信号导通时，可及时接通喷油器电磁线圈电路，使喷油器工作。由于开始阶段，VT_1 处于饱和导通状态且回路阻抗小，喷油器电磁线圈的电流在极短时间内很快上升，保证了针阀以较快的速度升起。当针阀升到全开位置时，其电磁线圈的电流达到最大，一般称为峰值电流，用 I_p 表示。喷油器的结构不同，工作情况不同，其峰值电流也不同，一般为 4~8A（电源电压为 14V 时）。随着喷油器电磁线圈电流增大，反馈电压（A 点电压）升高，由于电流反馈电路作用使针阀在全开位置时通过喷油器电磁线圈的电流稳定在保持电流 I_h 上，一般保持电流平均值在 1~2A，该电流足以维持针阀在全开位置，起到了防止电磁线圈过热及减小功耗等作用。

相比而言，电流驱动低阻型驱动方式无效喷油时间最短，动态响应最好，电压驱动低阻型驱动方式其次，而电压驱动高阻型驱动方式最差，因此在现代电控汽油喷射系统中，电流驱动低阻型的应用日趋广泛。

3. 电子控制系统

电子控制系统主要由传感器、ECU 及执行器三部分组成，其作用是 ECU 根据传感器采集到的信号计算、确定最佳喷油量和最佳喷油时刻，发出指令控制执行器动作实现最佳喷油控制。

1）传感器

传感器是一种信号检测与转换装置，安装在发动机的相关部位，其功能是检测发动机运行状态的各种电量、物理量和化学量参数，并将这些参数转换成计算机能够识别的电信号传输给 ECU。电控汽油喷射系统中常见的传感器有空气流量计、进气歧管压力传感器、节气门位置传感器、进气温度传感器、冷却液温度传感器、氧传感器及曲轴位置传感器等。

（1）空气流量计。

空气流量计通常安装在空气滤清器后面，其作用是将吸入发动机的空气量转换成电信号送至 ECU。空气流量计信号是确定基本喷油量的主要依据之一，按照其测量原理可分为体积流量式和质量流量式。体积流量式空气流量计测得的数据为每秒多少毫升的空气量，一般还要根据进气温度和大气压力修正为质量流量，主要有翼片式与卡门旋涡式两种。其中，翼片式空气流量计通过进气管道设置的翼片带动电位计滑片移动，从而获得进入进气管道的空气流量的多少。该方式在 20 世纪 50—70 年代较为流行，但由于其进气阻力较大，影响进气系统性能，现已基本淘汰。质量流量式测得的数据直接为每秒多少克的空气量，目前使用较多，主要包括热线式与热膜式两种。

① 卡门旋涡式空气流量计。卡门旋涡式空气流量计运用卡门旋涡原理计量进气流量，具有响应速度快、体积小、质量轻、进气阻力小及测量精度高等优点。其在进气管道中央设置一个锥体状涡流发生器，当空气流过时，在涡流发生器的后部将会不断产生涡流串。其频率 f 与空气流速 V 存在如下关系：

$$V = d\frac{f}{S_t}$$

式中，d 为涡流发生器外径尺寸；S_t 为斯特罗巴尔数，约为 0.2。

进气通道结构、形状及涡流发生器尺寸设计确定后，S_t 在特定测量范围内可视为定值。那么，通过测量卡门旋涡频率 f 即可计算出空气流速 V，再乘以空气通道有效截面积，即可得出进气系统空气体积流量，因此通过检测旋涡频率便可感知进气量的大小。检测旋涡频率的方式分为反光镜式和超声波式两种。

反光镜式是利用旋涡引起的空气压力变化测量进气流量，如图 1.16 所示。在系统中设置一个薄金属制成的反光镜，由发光管对准其照射并将光信号反射给光电管。在涡流发生器两侧设置导压孔将涡流后部压力导向反光镜表面。当卡门旋涡发生时，涡流发生器两侧压力发生周期性变化，该压力周期性变化通过导压孔使反光镜产生振动，从而引起光电管接受的反射光产生周期变化，ECU 根据所监测的反光信号的频率便可感知系统进气量。

超声波式是利用旋涡引起的空气密度变化进行测量的，如图 1.17 所示。在空气流动的垂直方向安装超声波信号发生与接收装置，发动机运行时信号发生器不断地向接收器发出一定频率的超声波且穿过旋涡。由于受旋涡影响，空气密度发生变化，引起超声波穿越后的相位发生相应偏移，由此形成疏密波。ECU 根据所监测的超声波疏密的频率便可感知系统进气量。超声波检测方式由于没有运动部件，检测精度较高。

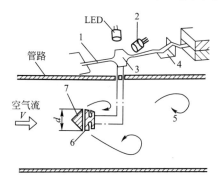

图 1.16 反光镜式空气流量计

1—支承杆；2—光电管；3—反光镜；4—板簧；
5—卡门旋涡；6—导压孔；7—涡流发生器

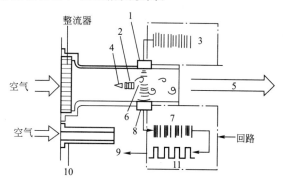

图 1.17 超声波式空气流量计

1—信号发生器；2—涡流稳定板；3—超声波发生器；
4—涡流发生器；5—通往发动机；6—卡门旋涡；
7—与涡流对应的疏密声波；8—接收器；9—接计算机；
10—旁通通路；11—整形矩形波（脉冲）

② 热线式空气流量计。热线式空气流量计主要由采样管、铂金热线、温度补偿电阻、控制回路及壳体等组成。根据铂金热线在壳体内安装部位的不同，可分为主流测量和旁通测量两种结构类型。主流测量热线式空气流量计整体安装在进气系统主流通道上，典型结构如图 1.18 所示。铂金热线为线径 $70\mu m$ 的铂金丝，安装于采样管中。采样管置于主空气通道中央，两端装有金属防护网，防止空气流中的杂质损伤铂金热线。旁通测量热线式空气流量计与主流测量方式在结构上的主要区别在于将铂金热线和温度补偿电阻安装在旁通空气道上。

热线式空气流量计的测量电路，如图 1.19 所示。铂金热线的阻值随着温度变化，热线本身构成惠斯顿电桥的电阻臂 R_H。采样管内安装一个铂金薄膜热敏电阻，其阻值随着进气温度变化，称为温度补偿电阻，构成惠斯顿电桥电阻臂 R_K。采样管塑料护套上安装一个能用激光修整的精密电阻，构成惠斯顿电桥的电阻臂 R_A，该电阻上的电压即为空气流量计的输出信号。惠斯顿电桥臂上另一电阻 R_B 被装在控制线路板上，该电阻在最后调试试验中用激光修整，以便对设定空气流量下的空气流量计输出特性进行修正。

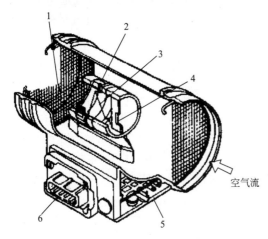

图 1.18　主流测量热线式空气流量计的结构
1—防护网；2—采样管；3—铂金热线；
4—温度补偿电阻；5—控制线路板；6—连接插头

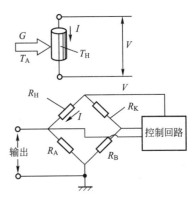

图 1.19　热线式空气流量计测量电路
R_H—热线电阻；R_K—温度补偿电阻；
R_A—精密电阻；R_B—调零电阻

热线式空气流量计利用发热体与空气传热现象来测量发动机的进气量。其测量原理为在流动空气中放置一个发热体，因向周围空气放热而冷却，那么流经发热体的空气量越多，则发热体的传热量越大。置于进气气流中的发热体(铂金热线)向空气散热时的传热系数可表示如下：

$$h = \alpha + \beta\sqrt{G}$$

式中，h 为传热系数；α、β 为常数；G 为空气质量流量，单位为 g/s。

按照传热学原理，置于空气流中的热线电阻在单位时间内损失的热量 H 可表示如下：

$$H = hA(T_H - T_A)$$

式中，A 为热线传热面积(mm^2)；T_H 为铂金电阻的温度；T_A 为温度补偿电阻的温度。

热线产生的热量 W 可表示如下：

$$W = R_H I_H^2$$

当热线处于热平衡($W=H$)时，假设热线与补偿电阻的温度差值(T_H-T_A)为定值(如100℃)，则热线的电流与空气的质量流量有如下关系：

$$I \infty \sqrt{\alpha + \beta \sqrt{G}}$$

可见，流过热线的电流直接与空气质量流量G有关，不需根据空气密度进行修正。热线式空气流量计的输出特性如图1.20所示。

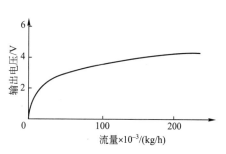

图1.20　热线式空气流量计的输出特性

热线式空气流量计利用惠斯顿电桥平衡原理，设计控制电路使热线温度与进气温度的差值保持恒定。当发动机进气流量增加时，铂金热线上被带走的热量会增加，使其迅速冷却，电阻值随之下降，惠斯顿电桥失去平衡。此时，控制电路会自动增加供给热线的电流，使热线恢复原设定的温度和电阻，直至电桥恢复平衡。电子控制回路所增加的电流大小取决于热线被冷却的程度，即空气质量流量。因此，发动机进气质量流量增加，将引起热线电流的增加，同时电阻R_A的电压也相应增加，ECU根据该电压信号便可测定空气的质量流量。

由于热线式空气流量计基于热线表面与空气的热传导，铂金热线上的任何污染物附着都会造成测量误差，因此控制电路中设置自动"清污"功能。每当发动机熄火后的4s内，控制电路会自动提供自净电流，使热线迅速升高到1000℃的高温并保持1s，可将附着在热线表面污物完全清除干净。

③热膜式空气流量计。热膜式空气流量计的结构、原理与热线式空气流量计基本相同，只是将发热体由铂金热线变为金属铂热膜，如图1.21所示。这种结构可使发热体不再直接承受空气流动所产生的作用力，增加其强度，提高了工作可靠性。

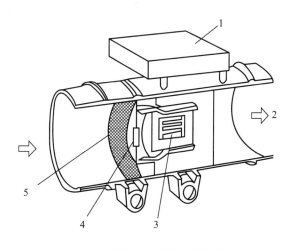

图1.21　热膜式空气流量计的结构
1—控制回路；2—通往发动机；3—热膜；4—进气温度传感器；5—金属网

热线式和热膜式空气流量计能直接测出进气流的质量流量，避免了进气温度、海拔高度等引起的误差，再加上其响应时间短、测量精度高。因此，已成为现代汽车电控汽油喷射系统的主流空气流量计。

（2）进气歧管压力传感器。

进气歧管压力传感器一般安装在节气门后方进气管道上，作用与空气流量计相同，用于测量发动机的进气量。与空气流量计不同的是进气歧管压力传感器依据发动机的负荷变化测量进气歧管压力的相应值，采用间接测量方式测算发动机的进气量。

进气歧管压力传感器根据信号产生的原理不同，可分为压敏电阻式、电容式、可变电感式及表面弹性波式等类型。其中，压敏电阻式和电容式在当今 D 型电控汽油喷射系统中应用较为广泛。

① 压敏电阻式进气歧管压力传感器。压敏电阻式进气歧管压力传感器利用半导体的压阻效应测量进气歧管内的气体压力，其主要由压力转换元件、混合集成电路及滤清器等构成，如图 1.22 所示。

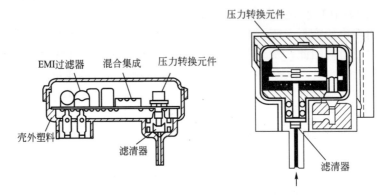

图 1.22　压敏电阻式进气歧管压力传感器的结构

压力转换元件是具有压阻效应的半导体硅膜片，如图 1.23(a)所示，其一侧是真空室，另一侧导入进气歧管压力。其中部经光刻形成直径约 2mm，厚度约 $50\mu m$ 的薄膜，薄膜周围安置有四个应变电阻，以惠斯顿电桥方式连接。

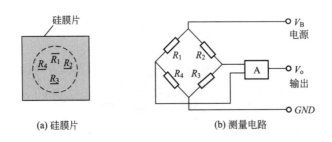

图 1.23　硅膜片及测量电路

压敏电阻式进气歧管压力传感器的测量电路如图 1.23（b）所示，R_1、R_2、R_3 及 R_4 构成惠斯顿电桥电路。R_1、R_3 阻值随膜片应力变化相同，R_2、R_4 阻值随膜片应力变化相同，而 R_1 与 R_2 或 R_3 与 R_4 阻值随膜片应力变化相反。当硅膜片受力变形时，若 R_1 和 R_3 受压力，其阻值随应力增加而减小，那么 R_2 和 R_4 受拉，其阻值随应力增加而增加。造成惠斯顿电桥失去平衡，信号输出端有信号输出。而硅膜片受力与变形程度和进气歧管压力成正比，即进气歧管压力越大则硅膜片受力与变形程度越大，输出的信号越强，且输出信号电压随进气歧管压力呈线性变化关系。

混合集成电路的功能是将较弱的输出信号经过放大后再输出，可明显提高传感器的灵敏度。压敏电阻式进气歧管压力传感器具有尺寸小、精度高、成本低、响应性好及测量范围广等优点，是目前进气歧管压力传感器中应用最为广泛的类型。

② 电容式进气歧管压力传感器。电容式进气歧管压力传感器通过利用电容效应测量进气歧管压力，结构如图1.24所示。

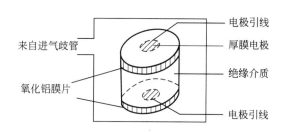

图1.24 电容式进气歧管压力传感器的结构

压力转换元件由可产生电容效应的厚膜电极构成，电极附着在氧化铝膜片上。当进气歧管压力发生变化时，可使氧化铝膜片产生变形，导致传感器电极间的电容产生相应变化，引起与其相关振荡电路的振荡频率发生相应变化。ECU根据传感器输出信号的频率便可感知进气歧管的气体压力。其信号频率与进气歧管压力值成正比，频率变化范围为80～120Hz。

其他类型的进气歧管压力传感器，基本原理均相似，即利用压力转换元件将进气歧管压力转换为电信号，再经放大、整形等处理后传递至ECU。

（3）节气门位置传感器。

节气门位置传感器通常安装在节气门体上，可以将节气门开度、怠速、加减速等信号转换成电信号传送给ECU，以便ECU可以根据发动机的各种典型工况对喷油量及喷油时刻进行最优控制。节气门位置传感器有开关量输出和线性输出两种形式。

① 开关量输出型节气门位置传感器。开关量输出型节气门位置传感器一般设置有功率触点与怠速触点，通过这两个触点的闭合和开启，将节气门位置分为关闭、部分开启及接近全部开启三种情况。该类传感器仅能检测发动机怠速、部分负荷及大负荷三种工况，即只能输出发动机典型工况信号，检测性能较差，但结构简单、价格便宜。在早期的电控汽油喷射系统中有所使用，目前已基本淘汰。

② 线性输出型节气门位置传感器。线性输出型节气门位置传感器的结构与原理类似于滑动电阻片，如图1.25所示。在传感器内部安装有两个与节气门联动的电刷（滑动触头），其中一个电刷触头在印制电路基片上的滑片电阻上滑动，将节气门开度大小转变成电压信号输出，其信号输出特性如图1.26所示，节气门开度与传感器输出电压信号成正比。因此，ECU可以根据其输出信号，获得表示节气门由全闭至全开的所有开启角度及其变化率的电压信号，精确判别发动机的实时负荷、加减速状态。

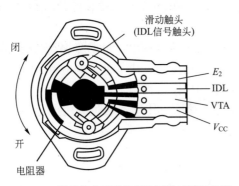

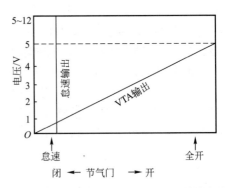

图1.25 线性输出型节气门位置传感器的结构　　**图1.26 线性输出型节气门位置传感器的输出特性**

典型线性输出型节气门位置传感器与ECU的连接线路如图1.27所示。传感器内部设置的另一个电刷采用开关量输出方式，用于检测节气门全闭状态；用于ECU判断发动机的怠速工况，且可以用其怠速时的电压值对反映节气门开度的电压值进行修正，提高节气门位置检测的精度。这种将开关量输出与线性输出组合在一起的节气门位置传感器是当前机械式节气门位置传感器的主流形式，各个厂家相关产品的结构原理大同小异。

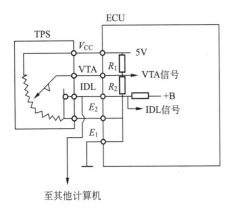

图1.27 线性输出型节气门位置传感器的连接电路

此外，有些线性输出型节气门位置传感器取消了开关量输出的怠速触点，由线性输出信号提供发动机的怠速判断信息；有些线性输出型节气门位置传感器利用非接触式霍尔检测元件取代了可变电阻式检测元件，提高了传感器的使用寿命。

（4）温度传感器。

判定发动机的热状态、计算进气质量流量及排气净化处理等，需要对发动机冷却液温度、进气温度及排气温度等进行连续精确地测量，因此电控汽油喷射系统设置有一些温度传感器。其中，进气温度传感器与冷却液温度传感器普遍采用负温度系数热敏电阻式温度传感器，分别安装于进气管道、冷却液管道上，用于感知进气温度和冷却液温度。

温度传感器有绕线电阻式、热敏电阻式、扩散电阻式、半导体晶体管式、金属芯式及热电偶式等类型，在电控汽油喷射系统中应用较多的是绕线电阻式和热敏电阻式温度传感器。

① 绕线电阻式温度传感器。绕线电阻式温度传感器在绝缘绕线架上绕上高纯度的镍线，再罩上适当的外套而制成，利用其电阻值随温度变化而变化的特性，测量发动机冷却液温度和进气温度。其精度在±1%以内，响应特性较差，响应时间约为15s。

② 热敏电阻式温度传感器。热敏电阻式温度传感器利用半导体电阻的热敏特性检测温度，有NTC（负温度系数）和PTC（正温度系数）两种。负温度系数是指传感器阻值随着温度的上升而降低，正温度系数则表示传感器阻值随着温度的上升而增加。该类传感器的电阻值与温度值存在一一对应的关系，将传感器与一个固定阻值电阻串联，通过检测传感

器电阻上分得的电压值，即可计算出相应的温度值。热敏电阻式温度传感器灵敏度高，但输出特性线性度差，响应特性比绕线电阻式温度传感器好，使用温度一般限于300℃以内，因而被广泛地用于检测发动机冷却液温度和进气温度，典型的热敏电阻式温度传感器结构如图1.28所示。

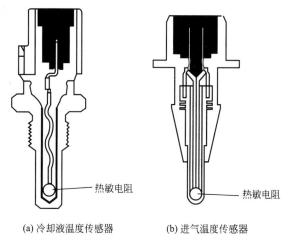

(a) 冷却液温度传感器　　　　(b) 进气温度传感器

图1.28　热敏电阻式温度传感器的结构

（5）氧传感器。

氧传感器安装于排气管上，是发动机空燃比控制的反馈信号，用于检测发动机的实际空燃比，由此判断实际可燃混合气的浓度，向ECU提供空燃比的反馈信号，从而控制空燃比收敛于理论值附近的狭窄范围内，提高三元催化转换器（TWC）的净化效果，降低排气污染。氧传感器主要有传统的氧化锆式和氧化钛式两种类型，此外还有可用于稀薄燃烧控制的宽量程氧传感器。

① 氧化锆式氧传感器。氧化锆式氧传感器目前应用较为普遍，基本元件是氧化锆（ZrO_2）陶瓷体。氧化锆陶瓷体是一种固体电解质，氧分子可以进入其中。氧化锆式氧传感器的结构如图1.29所示。氧化锆陶瓷体制成管状，亦称锆管，其内外表面均覆盖着一层多孔性铂膜作为电极。锆管内表面与大气相通，外表面与发动机排出的尾气接触。

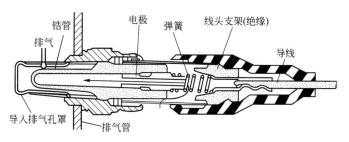

图1.29　氧化锆式氧传感器的结构

当锆管温度较高时，渗入固体电解质内的氧气分子发生电离，且电离后的氧离子（O^{2-}）由氧浓度高的内侧向氧浓度低的外侧扩散，致使两个电极之间产生电动势，形成微电池，即氧化锆元件在高温下将锆管内、外表面的氧浓度差转换成微电动势，检测该电动势即可获得尾气中氧浓度信号。同时，锆管内外两侧的氧浓度差越大，产生的电动势越大，其输出特性如图1.30所示。可以看出，针对固体电解质氧化锆管而言，虽然可利用氧浓度差产生电动势，但在理论空燃比附近较窄范围内所产生的电动势变化率很小，很难准确地检测出理论空燃比的临界点。

实际中通常利用具有催化作用的铂金作为氧传感器电极，可使电动势在理论空燃比附近产生阶跃变化，如图1.31所示，以此准确测定出理论空燃比的临界点。当混合气较稀时，由于氧传感器外侧尾气中氧浓度较高，因此两侧氧浓度差很小，扩散到尾气侧的氧离子数很少，故几乎不产生电动势。当混合气较浓时，废气中存在较多的一氧化碳（CO）、碳氢化合物（HC），由于铂金的催化作用，加速铂金电极表面氧离子与尾气中CO、HC的反应程度，使得外侧铂金表面几乎没有氧离子，增加了传感器内、外侧氧浓度差，使得氧传感器两电极间电动势在理论空燃比的临界点处产生突变。过量空气系数$\lambda < 1$时，氧传感器输出电压接近1V；$\lambda > 1$时，氧传感器输出电压几乎为0V。

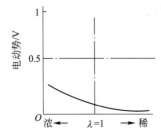

图1.30　无催化作用的氧化
锆式氧传感器输出特性

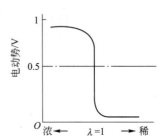

图1.31　有催化作用的氧化
锆式氧传感器的输出特性

氧化锆式氧传感器只有在温度超过300℃时才能正常工作，有非加热型和加热型两种。早期广泛使用非加热型氧传感器，依靠发动机尾气加热，一般需在发动机运转数分钟后才能开始工作。现在，一般使用加热型氧传感器，在传感器内部增加了一个陶瓷加热元件用于锆管加热。其优点是可在发动机起动后20~30s内使传感器达到工作温度，安装灵活性大，且扩大了空燃比闭环控制的工作范围。

② 氧化钛式氧传感器。氧化钛式氧传感器与氧化锆式的检测原理有很大的不同，是利用二氧化钛（TiO_2）的导电性随尾气中氧含量的变化而变化的特性制成的，故又称电阻型氧传感器。二氧化钛是一种在室温下具有很高电阻的半导体，但当尾气中氧含量少（混合气浓）时，二氧化钛中的氧分子将逃逸，使其晶体出现缺陷后，将有更多的电子可用来传

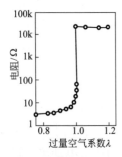

图1.32　氧化钛式
氧传感器的输出特性

送电流，材料电阻即随之大幅降低。二氧化钛的此种特性与其温度及尾气中氧含量有关。因此，欲使二氧化钛在300~900℃的尾气温度中连续使用，必须进行温度补偿。当混合气较浓时，尾气中氧含量低，二氧化钛阻值较小；当混合气较稀时，尾气中氧含量较高，二氧化钛阻值较大，且其在理论空燃比临界点处产生突变，如图1.32所示，以此可检测出可燃混合气理论空燃比临界状态点。

氧化钛式氧传感器的外形与氧化锆式氧传感器相似，内部包含有二氧化钛陶瓷元件与加热元件。加热元件一般采用钨丝或陶瓷材料制成，用以使传感元件二氧化钛的温度保持稳定，从而使传感器的输出特性不受温度影响。因为二氧化钛为多孔性陶瓷材料，利用

热传导方式可以对其进行直接加热，所以加热效率高，达到激活温度（约600℃）所需时间短。相对而言，氧化钛式氧传感器具有结构简单、体积小、成本低等优点，但其电阻值随温度变化较大，需采用一些温度补偿方法，以便在高温下也能进行检测。

③ 宽量程氧传感器。目前，为了降低汽车排放而普遍采用的三元催化转换系统要求空燃比控制在理论空燃比附近很窄的范围内，这是以牺牲燃油经济性为前提的。现代汽车发动机越来越多地采用稀薄燃烧技术，要求氧传感器能够在一个较宽的空燃比范围内对汽车尾气的氧浓度进行连续检测。因此，极限电流型宽量程氧传感器应运而生。

极限电流型氧传感器以氧化锆式氧传感器为基础加以改进而产生的。在氧化锆式氧传感器的氧化锆组件两端加上一定电压时，可造成氧离子移动而产生电流，其电流值与尾气氧浓度成正比。极限电流型氧传感器即是利用此特性，连续检测出稀薄燃烧区的空燃比。

如图1.33所示，当有电压加在固体电解质氧化锆上时，氧分子会在内电极（阴极）上得到电子形成氧离子，通过氧化锆的传递作用，在外电极（阳极）上放电，氧离子又变成氧分子，这样氧分子通过固体电解质从阴极被泵到阳极，这种现象称为泵氧电池，外加电压为泵电压，回路中产生电流为泵电流。

在泵氧过程中，泵电压的增加所导致的泵电流的增加会逐渐减小，最后出现泵电流在一定的电压范围内不变或变化很小，此时电流达到饱和，该电流称为极限电流。极限电流的大小与继续增加的电压无关，而取决于氧的扩散速率，与被测环境中的氧分压成正比。因为传感器的输出电流与外界氧分压成线性关系，因而能连续检测出稀薄燃烧区的空燃比。极限电流型氧传感器的工作特性，如图1.34所示。

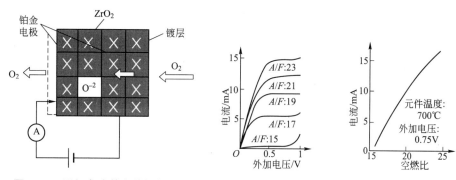

图1.33　泵氧电池基本结构与原理　　图1.34　极限电流型氧传感器的工作特性

为了得到与环境中的氧分压有关且比较稳定的极限电流，一般在传感器阴极表面加一个扩散障碍层，以限制氧分子向阳极传输。这样，氧分子通过障碍层的扩散将成为泵氧电池的控制环节，由此产生的极限电流与环境中的氧分压有稳定的线性关系。目前，广泛使用的扩散障碍层主要有小孔扩散层与多孔扩散层两种。

a. 小孔扩散极限电流型氧传感器是使用最早的极限电流型氧传感器，如图1.35所示。在已稳定化的固体电解质两侧设置铂电极，阴极侧有一个用氧化铝及其他陶瓷材料制成的气体扩散控制罩，顶部中心设有一个小孔。外界氧气通过小孔向阴极空腔封闭空间内扩散，由于小孔直径很小，扩散速度受到限制。因此，当施加在固体电解质上的电压增加到某一值时，电流达到最大（极限电流值）。此时，电流的大小只随外界氧浓度的变化而变化。

b. 多孔扩散层极限电流型氧传感器的结构特点是在金属电极上加多孔涂层，以阻碍固体电解质的扩散作用，如图 1.36 所示。其原理与小孔扩散型氧传感器相似，只是将一个带小孔的腔体分散成无数个微观孔。但是，其响应时间缩短了约 200ms。

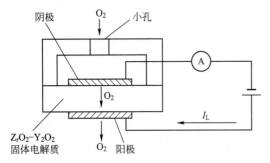

图 1.35　小孔扩散极限电流型氧传感器

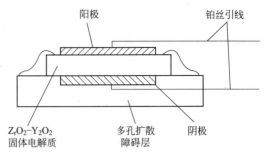

图 1.36　多孔扩散层极限电流型氧传感器

极限电流型氧传感器主要用于稀薄燃烧发动机，而在理论空燃比附近及在浓燃烧区域产生的信号极其微弱，不能用于空燃比反馈控制。对于整个浓燃烧和稀薄燃烧范围的空燃比控制，可以采用双电池极限电流型氧传感器。这种氧传感器同时利用了氧浓差电池原理和泵氧电池原理，融理论空燃比控制与稀薄空燃比控制为一体，实现了从过浓区域到理想空燃比再到稀薄燃烧区域整个状态的全范围连续检测，是一种检测范围极宽的广域氧传感器。

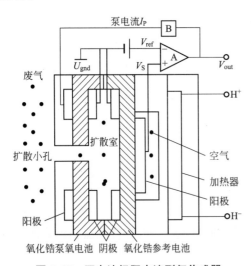

图 1.37　双电池极限电流型氧传感器

双电池极限电流型氧传感器，如图 1.37 所示，由一个普通氧浓差电压型氧传感器（参考电池）、一个极限电流型氧传感器（泵氧电池）及扩散小孔、扩散室等构成。参考电池和泵氧电池之间由带有 $20\sim50\,\mu m$ 缝隙的多孔层隔开。它需要一个专门设计的传感器控制器来控制其正常工作，在图中传感器控制器用 A 和 B 表示。

尾气通过扩散小孔进入扩散室，尾气可能对应缺氧的浓混合气，也可能是富氧的稀混合气。氧化锆参考电池感知尾气的氧浓度后，产生电压 V_S。根据尾气氧浓度的不同，缺氧的浓混合气将产生高于参考电压 V_{ref} 的 V_S，传感器控制器将产生一个方向的泵电流 I_P。该泵电流 I_P 通过泵氧电池时将氧分子泵入扩散室内，使扩散室恢复到 V_S 电压为 0.45V 的尾气含氧浓度的平衡状态。相反，富氧的稀混合气将产生低于参考电压 V_{ref} 的 V_S，传感器控制器将产生一个反方向的泵电流 I_P。该泵电流 I_P 通过泵氧电池时将氧分子泵出扩散室。当空燃比为理论空燃比时，氧分子不需泵出或泵入，I_P 为 0。

这样就产生了或正或负的泵电流 I_P，其符号取决于尾气中氧的含量（在稀薄燃烧区域为正，在浓燃烧区域为负），且其大小与氧浓度具有一定的比例关系。在控制环路中有一块数字信号处理电路，该电路有两路输出。一路将变化的泵电流 I_P 信号转换成线性电压 V_{out}，此电压在 0～5V 间连续变化，用于 ECU 控制混合气空燃比。另一路输出脉宽调制信号去控制加热器加热氧传感器，使其保持稳定的工作温度，具有快速激活特性。

双电池极限电流型氧传感器的工作特性，如图 1.38 所示。从图中可以看出，这种宽量程氧传感器的工作曲线平滑，泵电流 I_P 与尾气中氧浓度存在一一对应关系，能够连续检测 10～59 这一极宽的空燃比范围，可以更好地保证发动机在整个空燃比范围内平稳运行。

综上所述，宽量程氧传感器不同于传统氧传感器，其产生的不是阶跃函数性质的响应，而是连续递增的信号，工作曲线比较平滑，能够在一个值域内进行控制，控制精度高。对于稀薄燃烧系统，极限电流型氧传感器能够在一个较宽的空燃比范围内对汽车尾气氧浓度进行连续检测，控制空燃比在一个较宽的稀薄范围内。对于整个浓燃烧和稀薄燃烧范围的空燃比控制，融理论空燃比控制与稀薄空燃比控制为一体的双电池极限电流型氧

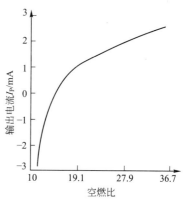

图 1.38 双电池极限电流型氧传感器的工作特性

传感器则更有优势，其是一种检测范围极宽的广域氧传感器。稀薄燃烧系统正在逐步成为汽车发动机空燃比反馈控制的主流，这将促进极限电流型氧传感器和双电池极限电流型氧传感器的快速发展。

（6）曲轴位置传感器。

曲轴位置传感器是电控汽油喷射系统的重要传感器之一，一般安装于分电器内或曲轴的前后端或凸轮轴的前后端，可提供发动机曲轴转角（CA）信号、气缸（活塞）行程位置信号及发动机转速信号，以此确定发动机的基本喷油量、喷油时刻及点火时刻。按照检测原理的不同，曲轴位置传感器可分为光电式、电磁式及霍尔式三种类型，由于电磁式传感器、霍尔传感器抗污能力及高速时信号识别能力强，因此应用较为广泛。

① 电磁式曲轴位置传感器。电磁式曲轴位置传感器的典型结构如图 1.39(a) 所示，主要由永久磁铁、转子及电磁线圈等组成。转子固定在分电器轴上，线圈被固定在分电器外壳上，永久磁铁的磁力线通过转子叶轮、托架等构成磁路。其工作原理如图 1.39(b) 所示，当发动机工作时，分电器轴带动叶轮旋转，导致磁路的气隙发生变化，相应改变了磁

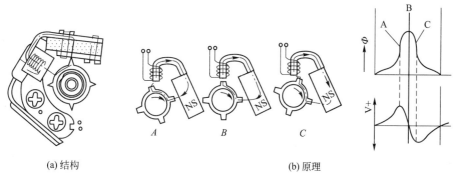

(a) 结构   (b) 原理

图 1.39 电磁式曲轴位置传感器的结构与原理

路的磁阻，即转子的叶片接近托架(位置 A 至位置 B)时，气隙变得越来越小，使得磁路的磁阻变小，磁通量相应增加；转子的叶片转离托架(位置 B 至位置 C)时，气隙变得越来越大，使得磁路的磁阻变大，磁通量相应减小。如此往复，在电磁线圈内产生感应电动势，形成输出电压信号。该电压信号大小和方向均呈周期变化，频数与齿数相等，可以据此信号检测曲轴转角、活塞行程位置及发动机转速。

图 1.40 所示为日产公司电磁式曲轴位置传感器的结构示意图，主要由轮齿式的信号盘、磁头、电磁线圈及相关电路等组成。

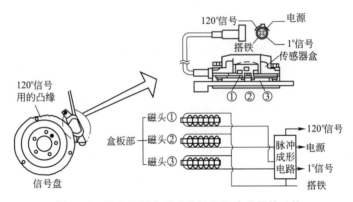

图 1.40　日产公司电磁式曲轴位置传感器的结构

该传感器设有一个带有细齿的信号盘，随着曲轴同步旋转，且信号盘的外缘沿圆周每隔 4°加工一个齿，共有 90 个齿。同时，每隔 120°(六缸发动机)或 180°(四缸发动机)布置一个信号凸缘。安装在信号盘边沿的传感器盒内装三个(四缸发动机为两个)由永久磁铁及铁心组成的电磁头。其中，磁头②感知信号磁盘 120°凸缘，用于产生 120°CA 信号；磁头①和磁头③间隔 3°CA 的位置安装，用于感知信号盘齿圈，产生 1°CA 信号。信号盒内装有放大及整形电路，通过连接器与 ECU 相连，120°CA 信号和 1°CA 信号通过线束输出。

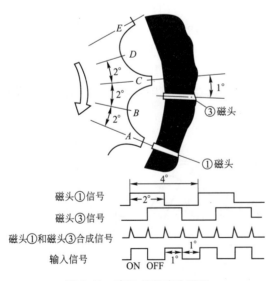

图 1.41　1°CA 信号产生原理

当发动机运转时，感应线圈内的磁通量周期性变化，产生交变感应电动势信号，如图 1.41 所示。该信号通过整形、放大后变成脉冲信号输出。按照结构分析，曲轴每旋转一圈，磁头②上将产生三个 120°脉冲信号，磁头①、磁头③上将各产生 90 个脉冲信号。由于磁头①和磁头③相隔 3°CA 安装，且两磁头所对应的脉冲信号周期占曲轴转角均为 4°，因此磁头①和磁头③所产生脉冲信号的相位差恰好为 1°CA。显见，将两个磁头产生的脉冲信号经处理后，即可获得 1°CA 信号。

同时，由于产生 120°信号磁头②安装位置对应于活塞压缩行程上止点前 70°，如图 1.42 所示，故其信号亦可称为上止点前70°信号，即发动机在运转过程中，各缸在压缩行程上止点前70°均由磁头②产生一个基准脉冲信号。

② 霍尔式曲轴位置传感器。霍尔式曲轴位置传感器是利用霍尔效应原理产生与曲轴转角、转速及位置相对应的电压脉冲信号。霍尔效应原理如图1.43所示，当电流 I 通过放在磁场中的半导体电基片（霍尔元件）且电流方向与磁通方向垂直时，电荷在洛伦兹力作用下沿电流方向的一侧发生漂移。因此，在垂直于电流与磁通的霍尔元件的横向截面上会产生一个与电流和磁场强度成正比的电压，称为霍尔电压 U_H。

$$U_H = \frac{R_H}{d} IB$$

式中，R_H 为霍尔系数；d 为基片厚度；I 为磁场电流；B 为磁场强度。

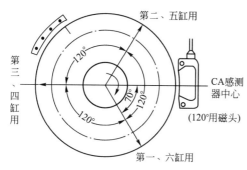

图1.42 磁头②与曲轴的位置关系

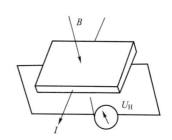

图1.43 霍尔效应原理

当结构一定且电流 I 为定值时，霍尔电压 U_H 与磁场强度 B 成正比。霍尔式曲轴位置传感器利用触发叶片或轮齿通过改变霍尔元件的磁场强度，使霍尔元件产生霍尔电压，从而输出曲轴转角、活塞行程位置及发动机转速信号。

图1.44所示为美国通用公司霍尔式曲轴位置传感器的结构示意图，主要由永久磁铁、触发叶轮、导磁板及霍尔集成电路等组成，两个触发叶轮的侧面均安置一个霍尔信号发生器。该传感器安装于曲轴的前端，两个带叶片的触发轮安装在曲轴皮带轮前端且随之一起旋转。外触发叶轮外缘上均匀布置着18个触发叶片与18个窗口，每个触发叶片和窗口的宽度均为10°弧长。内触发叶轮外缘上设有3个触发叶片和3个窗口，3个触发叶片的宽度不同，分别为100°、90°及110°弧长；3个窗口的宽度亦不同，分别为20°、30°和10°弧长。其中，宽度为100°弧长的触发叶片前边沿位于压缩行程一、四缸上止点前75°；90°弧长的触发叶片前边沿在三、六

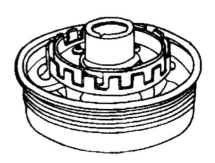

图1.44 通用公司霍尔式曲轴位置传感器的结构

缸压缩行程上止点前75°；而110°弧长的触发叶片前边沿在二、五缸压缩行程上止点前75°。

该霍尔式曲轴位置传感器的工作原理，如图1.45所示。当触发叶片转动时，每当叶片进入永久磁铁与霍尔元件之间的空气隙中时，由于霍尔元件的磁场被触发叶片旁路，因

此不产生霍尔电压。当触发叶片离开空气隙时，永久磁铁的磁通通过导磁板穿过霍尔元件，产生霍尔电压。霍尔电压信号再经霍尔集成电路放大整形后，向 ECU 输出曲轴位置传感器信号。

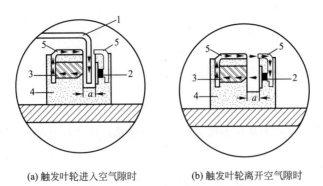

(a) 触发叶轮进入空气隙时　　　　　(b) 触发叶轮离开空气隙时

图 1.45　霍尔信号发生器的工作原理

1—触发叶片；2—霍尔元件；3—永久磁铁；4—底板；5—导磁板

外触发叶片每旋转一周产生 18 个脉冲信号，称为 18X 信号，如图 1.46 所示。一个脉冲周期对应 20°CA，ECU 对 18X 信号进行处理后，即可求得 1°CA 信号。内触发叶片每旋转一周产生 3 个不同宽度的电压脉冲信号，称为 3X 信号。各个脉冲信号上升边沿分别相对于一、四缸，三、六缸及二、五缸压缩行程上止点前 75°位置，可用于 ECU 控制喷油时刻及点火提前角。

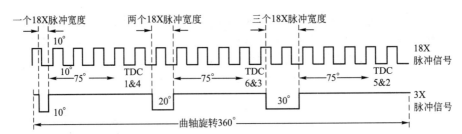

图 1.46　霍尔式曲轴位置传感器输出信号

此外，有些发动机曲轴位置传感器结合了电磁式与霍尔式的原理。例如，上海大众 AJR 发动机，既在曲轴后端、靠近飞轮位置设有电磁式曲轴位置传感器，又在凸轮轴前端、链轮之后设有霍尔式凸轮轴位置传感器。上述两个传感器配合提供曲轴转角、活塞行程位置及发动机转速信号。电磁式曲轴位置传感器信号转子上均匀预设 60 个凸齿，其中对应于发动机一、四缸压缩行程上止点前一定角度位置缺了两个凸齿，故实际设有 58 个凸齿。其可以提供发动机曲轴转角信号、发动机转速信号及一缸或四缸压缩行程上止点信号。霍尔式凸轮轴位置传感器触发叶轮上设有一个 180°的缺口，当凸轮轴带动触发叶轮转动时，叶片与缺口间隔通过磁铁与霍尔元件间的气隙，产生霍尔电压信号。该信号的下降沿对应于一缸压缩上止点前一定角度，由此可以获得一缸压缩行程上止点信号。如果凸轮轴位置传感器信号缺失，那么 ECU 不再区分一缸或四缸压缩行程上止点。由于采用分组点火方式，发动机仍能起动运转，但此时爆燃控制关闭，点火提前角推迟，输出功率下降。

2) ECU

ECU 是电控汽油喷射系统的核心部件,其功能是根据各种传感器和控制开关输入的信号参数,对汽油喷射量和喷油时刻进行实时控制,以使发动机获得最佳空燃比。ECU 的内部结构如图 1.47 所示,主要由输入回路、A/D 转换器、微型计算机及输出回路四部分组成,其控制核心为微型计算机。

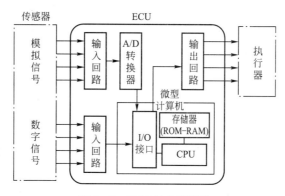

图 1.47　ECU 的内部结构

(1) 输入回路。

从传感器传递来的输入信号一般都要经过输入回路滤波、整形、放大等处理后,才能送至中央处理器(CPU)进行运算控制。例如,电磁式曲轴位置传感器可输出曲轴位置或发动机转速信号,其信号幅值随发动机转速变化而变化。当转速较低时,信号较弱,一般可将信号通过整形及放大处理成标准的方波后,再送入 CPU 进行运算和控制,可提高信号的识别能力。此外,曲轴位置传感器信号转子的齿数一般只有几十个,为了精确控制发动机喷油时刻需要得到 $0.5°$ 或 $1°CA$ 信号,通过输入回路进行处理后可达到此目的,使得曲轴每转一圈,输入回路相应产生 720 个或 360 个脉冲,CPU 便可得到 $0.5°$ 或 $1°CA$ 信号。

(2) A/D 转换器。

传感器的输出信号根据其信号特征一般可分为模拟信号、开关量信号及连续脉冲信号等类型。例如,冷却液温度传感器信号为模拟信号,怠速信号为开关量信号,发动机转速信号为连续脉冲信号等。传感器信号的性质不同,输入 ECU 后处理的方法也不相同。由于 CPU 只能识别数字信号,因此当传感器的输出信号为数字信号时,可直接送至 CPU;而当传感器的输出信号为模拟信号时,必须通过 A/D 转换将其转换成数字信号后,才能输送至 CPU 中进行运算处理。

(3) 微型计算机。

微型计算机是 ECU 的核心部分,主要由 CPU、存储器及 I/O(输入/输出)接口电路等部分组成。CPU 是整个控制系统的核心,主要由可进行数据运算与逻辑运算的运算器、暂时存储的寄存器及控制器组成,其作用是根据传感器输出的发动机运行工况中各种参数信号的变化情况进行运算处理,找出最优控制目标,对执行器进行适时控制。

存储器具有保存与存取数据的功能,可分为随机存储器(RAM)和只读存储器(ROM)。RAM 可随时存取计算机工作中产生的过程参数,如发动机运行时的故障码、空燃比学习修正值及怠速学习修正值等。RAM 一般由蓄电池电源线直接供电,不受点火开关控制,RAM 断电后其内部的数据将丢失。ROM 在计算机工作时,只能进行读操作,写操作只能是在脱机情况下事先进行。ROM 中的内容不会因断电而消失，可永久保存已写入的信息。ROM 中保存的数据一般是控制程序软件、喷油量控制及点火时刻控制的数学模型等。

I/O 接口电路是 CPU 与传感器及控制器进行正常通信的控制电路。I/O 接口是微型计算机中不可缺少的部分，起着数据缓冲、电平匹配及时序控制等多种功能。

（4）输出回路。

一般微型计算机输出的是数字信号，而且信号的输出功率较小，通常无法直接驱动执行器动作。因此，必须采用输出驱动回路，将数字信号转换成可以驱动执行器工作的输出信号。随着电子技术的发展，发动机 ECU 中除了一些基本控制装置外，还增设了抗电磁干扰的保护装置、自检装置及后备系统等。

3）执行器

喷油器是电控汽油喷射系统的执行器，其功能是根据 ECU 发出的喷油脉冲信号精确计量汽油喷射量，同时将汽油喷射后雾化，从而使发动机空燃比处于最佳的状态。关于喷油器的相关内容，前面已有介绍，这里不再赘述。

1.1.4 电控汽油喷射系统的控制原理

汽油喷射控制主要是指喷油正时控制和喷油量控制。喷油正时主要依据曲轴位置传感器和霍尔传感器信号进行控制，实现最佳时刻喷射燃油（如排气行程上止点前 70°CA），其控制原理与点火时刻控制相似，将在后续章节介绍。喷油量控制即为喷射持续时间控制，其目的是根据 ECU 所设定的目标空燃比来精确控制喷油量，使混合气达到最佳空燃比。

发动机正常工作时，汽油喷射持续时间控制主要分为两大类：一类是发动机起动后喷油量控制；另一类是起动时喷油量控制，两者的控制模型不完全相同。

1. 起动后喷油量控制

ECU 首先根据发动机的进气量和转速信号确定基本喷油量，再根据水温传感器、节气门位置传感器、氧传感器等提供的信号进行修正，确定出最佳的喷油持续时间，并发出指令控制喷油器动作，从而实现发动机在最佳空燃比状态下工作。

1）基本喷油量控制

基本喷油量是指发动机在正常的工作温度下稳定运行时为获得最佳空燃比所需要的喷油量。由于喷油器的特征参数与喷油压力差相对恒定，喷油器的喷油量与喷油持续时间成正比，因此基本喷油量控制实质是基本喷油时间控制。基本喷油时间的确定方法主要有公式计算法和数值查寻法两种。

（1）公式计算法。

基本喷油时间是以一个进气行程中吸入气缸内的空气质量为依据来进行计量的。如果已知某气缸进气行程吸入气缸的空气质量（G_a）与目标空燃比，则可以确定该气缸此时所需要的理论燃油质量（G_f）。因此，只要获得发动机每一转吸入气缸的空气质量、气缸数以及目标空燃比，就可计算得到基本喷油量，从而进一步获得基本喷油时间。

但是，不同进气量的计量方式，空气质量流量的计算不尽相同。翼片式、卡门涡流式和进气歧管压力式的进气量计量方式为体积流量式，即由传感器送出的信号只能换算成单位时间进气量的体积，因此还需要根据进气温度和大气压力进行修正后才能得到空气质量流量。热线式、热膜式的进气量计量方式为质量流量式，传感器送出的直接是质量流量信号，因此无需根据进气温度和大气压力进行修正。

（2）数值查寻法。

数值查寻法是将由试验获得的特定工况下发动机转速、空气流量（或进气歧管压力）与最佳基本喷油时间的关系数据事先存储在 ECU 的 ROM 中。当发动机工作时，ECU 根据发动机转速与空气流量（或进气歧管压力），从 ROM 中查寻相应数据即可获得基本喷油时间。如果发动机的工作在非特定工况，ECU 则根据该工况周围的四个特定工况点的基本喷油时间，通过插值法获得该工况的基本喷油时间。

2）喷油量修正控制

喷油量修正控制的目的是使发动机在各种情况下都能获得最佳空燃比，使发动机始终工作在最佳状态。喷油量修正控制主要有以下几个方面：

（1）起动后燃油加浓修正。

发动机起动后，为了保证发动机在温度较低，燃油雾化不良的情况下能稳定运转，需进行起动后燃油加浓修正。在点火开关从"起动"位置转到"点火"位置的瞬间，ECU 做出起动后燃油加浓修正控制。ECU 根据冷却液温度信号确定起动后燃油加浓修正系数的初始值，再根据时间或发动机转数递减燃油加浓修正系数。

（2）暖机时燃油加浓修正。

发动机冷机起动后，即进入暖机阶段。暖机时燃油加浓修正也是燃油气化不足的一种补充措施，其与起动后燃油加浓修正同时进行。但是，起动后燃油加浓修正数十秒后即告结束，而暖机时燃油加浓修正则一直持续进行，直到冷却液温度达到规定值。暖机时燃油加浓修正系统随着冷却液温度的上升而减小。

（3）高温时燃油加浓修正。

高温时燃油加浓修正的目的是提高发动机的热起动性能。当发动机温度过高时，燃油管内的汽油就会蒸发产生汽油蒸气，致使喷油器的实际喷油量减少，混合气变稀，发动机热机起动困难。因此，为了解决高温起动时混合气稀化问题，需要进行高温时燃油加浓修正，增加燃油喷射量。ECU 根据起动信号和冷却液温度做出燃油加浓修正控制。

（4）加速时燃油加浓修正。

汽车在加速时，如果仍然使用基本喷油量，则混合气的空燃比相对于目标值会产生一定的偏差，使混合气变稀，因此在加速时应该进行加速时燃油加浓修正。ECU 根据节气门位置传感器信号做出加速时燃油加浓修正控制，根据空气流量计或进气歧管压力传感器、发动机转速传感器及冷却液温度传感器的信号确定加速喷油修正量。

（5）减速时燃油减量修正。

与加速时相反，汽车减速时会使混合气变浓，因此为了降低燃油消耗和排放污染，需要进行减速时燃油减量修正。ECU 根据节气门位置传感器信号做出减速时燃油减量修正控制，根据空气流量计或进气压力传感器、发动机转速传感器及冷却液温度传感器的信号确定减速喷油修正量。修正系数与负荷变化率、冷却液温度的关系与加速时燃油加浓修正相似，只是一个是加浓修正，一个是减量修正。

（6）大负荷、高转速燃油加浓修正。

当汽车在大负荷工作状态时，发动机需要供给较浓的功率混合气，因此需要进行大负荷燃油加浓修正。当节气门开度大于设定值时，ECU 根据节气门位置传感器信号做出大负荷燃油加浓修正控制；当节气门开度小于设定值时，大负荷燃油加浓修正立即取消。

高转速燃油加浓修正的控制目的与大负荷燃油加浓修正相似。ECU 根据发动机转速传感器信号做出高转速燃油加浓修正控制。

（7）燃油停供修正。

燃油停供修正的实质是 ECU 停止给喷油器发送喷油脉冲信号，喷油器停止供油。进行燃油停供修正的情况有两种：一种是汽车减速时停止供油，以降低燃油消耗和污染排放。ECU 根据节气门开度的变化情况确定是否为减速工况，再根据发动机转速和冷却液温度确定是否进行燃油停供修正控制。冷却液温度越低，燃油停供修正的转速越高，以防止低温时发动机因燃油停供而熄火。当因燃油停供而使转速下降到一定值或节气门被打开时，发动机立即恢复燃油供给。另一种是在发动机转速过高时停止供油，即超速燃油停供，以防止发动机损坏。ECU 根据发动机的实际转速与设定的最高转速进行比较，当实际转速达到设定转速时，ECU 立即进行燃油停供控制，使喷油器停止喷油。当实际转速下降至某一规定值时，再恢复燃油供给，如此循环，以避免发动机转速过高。

（8）蓄电池电压变化时燃油量修正。

当蓄电池电压发生变化时，喷油器电磁线圈的电流值也会发生变化，从而使喷油器针阀的开启与关闭速率发生变化，且对前者的影响较大。因此，当蓄电池电压降低时，喷油器的无效喷射时间增加，喷油量相对减小；相反，当蓄电池电压升高时，喷油器的无效喷射时间减少，喷油量相对增大。为了消除因蓄电池电压变化而导致的喷油量偏差现象，ECU 根据蓄电池电压的变化对喷油器的通电时间进行修正。

（9）理论空燃比反馈修正。

为了满足排放法规的要求，降低尾气中有害污染物的成分，现代汽车几乎都装有三元催化转换装置。由于三元催化转换装置只有在理论空燃比附近才能很好地起到净化废气中的氮氧化合物（NO_x）、HC 和 CO 的作用，因此为了有效地利用三元催化转换装置，需要对空燃比进行精确控制，使其维持在理论空燃比附近。理论空燃比反馈修正就是根据氧传感器的反馈信号对喷油量进行修正控制，以保证三元催化转换装置的净化效果。当氧传感器的信号电压一直较高（大于 0.45V）时，则说明此时混合气较浓，ECU 会适当减少喷油时间；当氧传感器的信号电压一直较低（小于 0.45V）时，则说明此时混合气较稀，ECU 会适当增加喷油时间。通过这样的反馈修正，使发动机的空燃比始终保持在理论空燃比附近较窄的范围内。

但是，有些情况下是不适宜采用理论空燃比反馈修正的，如发动机低温起动时，由于发动机冷却液温度较低，需要提供较浓的混合气，若此时仍进行反馈修正，使空燃比在理论空燃比附近，则会使发动机起动困难；又如发动机在急加速时，也需要较浓的混合气，若仍进行反馈修正，则会使发动机加速不良。

（10）自适应燃油量修正。

自适应燃油量修正也称为学习空燃比修正，目的是进一步提高空燃比控制精度。在实际运行过程中，发动机的性能变化，如空气供给系统、燃油供给系统的性能变化，可能会造成实际空燃比相对于目标空燃比的偏离不断增大，导致发动机不能正常工作。自适应燃油量修正就是通过计算实际空燃比与目标空燃比的偏离量，给出燃油量修正系数，并将符合当前情况的燃油修正量反映到喷射时间上，使空燃比的控制得以提高。燃油量修正系数被存储在 ECU 的 RAM 内，以便于以后使用过程中能将当前条件的修正系数及时反映在喷油时间上，提高了空燃比的控制精度。

2. 起动时喷油量控制

发动机起动时，由于进气量少、转速波动大，无论是空气流量计还是进气歧管压力传感器，都不能精确测量进气流量，因此起动时通常不根据吸入的空气质量和发动机转速来计算基本喷油时间，而是根据发动机冷却液的温度确定基本喷油时间，再根据进气温度、蓄电池电压信号对基本喷油量进行修正，以此得到起动时的喷油持续时间。由于温度低时，喷入的燃油不易汽化，从而使附着在进气管和气缸壁上的燃油增加，实际进入气缸的燃油减少，因此为了使发动机能够顺利起动，基本喷油时间随温度的降低而呈增加趋势。

1.2 电控点火系统

1.2.1 电控点火系统概况

1. 点火系统的基本要求

为保证汽油发动机在各种工况和使用条件下均能准确、可靠地点火，点火系统应满足下列的基本要求。

1）具有足够大的点火电压

火花塞的点火电压，即次级电压，应高于火花塞的击穿电压。击穿电压是指能击穿火花塞电极间隙的基本电压。击穿电压的影响因素如下：

（1）火花塞电极间隙。

火花塞电极间隙越大，电场力作用越小，发生碰撞电离的概率越低，因此火花塞的击穿电压越高。

（2）气缸内混合气的压力与温度。

实际上，击穿电压与混合气密度直接相关；密度越大则单位体积中的气体分子数量越多，离子自由运动的距离越短，不易产生碰撞电离。只有提高在电极上的电压，增大作用于离子上的电场力，使离子加速才能发生碰撞电离击穿火花塞间隙。因此，混合气密度越大，击穿电压越高。

混合气的压力及温度实际上影响的是混合气密度。当混合气压力减小或温度升高时，混合气密度会相应变小，使火花塞的击穿电压变低；反之，则会变高。

（3）电极的温度和极性。

实践证明，当火花塞的电极温度超过混合气的温度时，击穿电压降低30%～50%，这是由于电极的温度越高，包围在电极周围的气体密度越小，容易发生碰撞电离的缘故。此外，当中心电极为负极时，火花塞的击穿电压约可降低20%。

（4）发动机的运行工况。

发动机工况不同时，火花塞的击穿电压将随发动机的转速、负荷、压缩比、点火提前角及混合气浓度变化。

起动时的击穿电压最高。因为起动时气缸壁、活塞及火花塞的电极都处于冷态，吸入的混合气温度低、雾化不良，压缩时混合气的温度升高不大，加之火花塞电极间可能积有汽油或机油，因此所需击穿电压最高。此外，汽车加速时，由于大量低温混合气被突然吸入气缸内，会降低进气系统温度，也需要较高的击穿电压。

为了保证点火可靠，点火系统必须具备一定的高压储备，以保证在所有情况下送往火花塞电极间的电压均大于该工况下火花塞的击穿电压值；但电压过高时，又会造成绝缘困难，使成本提高。一般次级电压限制在50kV以内，但某些车辆发动机或者为了提高对各种性能燃料的适应性，可将次级电压提高。目前，特殊的发动机系统设计可以产生大于150kV的高压。

2）具有足够高的点火能量

要使混合气可靠点燃，火花塞产生的电火花必须具有一定的能量。汽车发动机工况变化范围宽广，所需的点火能量变化较大。

为了提高经济性及减少有害排放物，当前汽车发动机广泛采用稀薄燃烧技术，在工作时尽量提供空燃比大于17的稀混合气。由于稀混合气难以点燃，因此需要增加电火花的能量。基于上述原因，为了保证可靠点火，一般需要点火系统可靠提供50～80mJ，最大可达150mJ的点火能量，即所谓的高能点火系统。

3）具有适当的点火时刻

最佳点火提前角随发动机结构、工况及使用条件而变化。几乎所有发动机运行与结构参数均能够对点火提前角产生影响，包括转速、负荷、汽油辛烷值、压缩比、混合气的成分、进气压力、火花塞的数量等。综上所述，点火提前角受制于燃烧速度和燃料性能，所有引起燃烧速度和燃料性能变化的因素，必将同时影响最佳点火提前角的数值。

因此，发动机对点火提前角的要求是多变的、复杂的、随机的和相互制约的；而且，提高发动机性能的许多措施，如稀薄燃烧技术和追求"微爆"的临界工况，均会对点火系统提出新的要求。电控点火系统控制的目的即是在集中控制的框架下，对上述因素变化在点火系统中引起的反应实施控制，追求发动机工作状态的最佳效应。

2. 电控点火系统的优点

20世纪70年代末出现的无触点式点火装置解决了点火电压与点火能量的问题，但点火提前角的控制基本上仍是机械式的。因为机械装置本身固有的局限性，无法保证在各种状况下点火提前角均处于最佳，极大地影响到点火系统的稳定性和可靠性。

现代汽油发动机电控点火系统最大的成功之处在于实现了点火提前角的自适应性自动控制，即当发动机运行工况及使用环境变化时，可对点火提前角进行实时控制，最大限度地改善和提高发动机的各项性能。其具体特点如下：

（1）在所有的工况及各种环境条件下，均可自动获得理想的最佳点火提前角，从而使发动机动力性、经济性、排放性及工作稳定性等特性均处于最佳匹配状态。

（2）在整个工作范围内，均可提供足够高的点火能量，提高了点火的可靠性，有效地减少了能源消耗和废气中的有害成分。

（3）配合稀薄燃烧技术，在整个工作范围内提供所需的恒定点火能量。

（4）配合闭环反馈控制技术，与燃料供给系统实行综合控制，可使点火提前角控制在刚好不发生爆燃的临界状态。以此获得较高的燃烧效率，有利于发动机各种性能的提高。

1.2.2 电控点火系统的组成与原理

传统点火系统与电控点火系统的结构，分别如图1.48和图1.49所示。电控点火系统由电源、传感器、ECU、点火控制模块、点火线圈、分电器(有分电器式点火系统)及火花塞等组成。

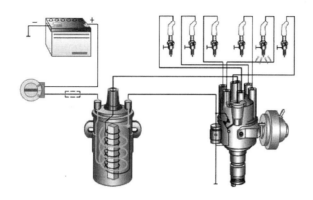

图1.48 传统点火系统的结构

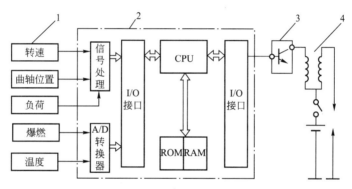

图1.49 电控点火系统的结构

1—传感器；2—ECU；3—点火控制模块；4—点火线圈

电源一般由蓄电池与发电机共同组成，供给点火系统所需的点火能量。传感器包括曲轴位置传感器、爆燃传感器、空气流量计、冷却液温度传感器、节气门位置传感器等，主要用于检测发动机的运行状态，为ECU控制点火提前角提供依据。ECU是电控点火系统的核心，在发动机工作时，不断采集传感器的信号，经过分析、计算、比较，最终向点火控制模块输送点火指令信号。点火控制模块是点火控制系统的一个执行机构，将ECU输出的点火信号进行功率放大后，驱动点火线圈工作。点火线圈将点火瞬间需要的点火能量以磁场的形式存储起来，根据需要可将电源提供的低压电转变为足以在火花塞电极间产生击穿点火的高压电。火花塞将具有一定能量的电火花引入气缸，点燃气缸内的可燃混合气。分电器根据发动机的工作时序，将点火线圈产生的高压电依次送到各缸火花塞。

电控点火系统工作时，ECU不断地采集发动机的转速、负荷、冷却液温度、进气温度等信号，根据ROM内存储的相关程序和数据，确定该工况下的最佳点火提前角和通电时间，并向点火控制模块发送指令。点火控制模块根据ECU的点火指令，控制点火线圈初级回路的导通和截止。当初级绕组通电时，点火能量以磁场的形式存储起来；当初级绕组断电时，在次级绕组中产生较高的感应电动势，使相应的火花塞跳火工作，点燃可燃混合气。对于闭环控制的系统，ECU 还可以根据爆燃传感器的信号判断发动机的爆燃程度，并将点火提前角控制在轻微爆燃的范围内，使发动机能获得较高的燃烧效率。

无分电器式电控点火（DLI）系统是在微型计算机控制的基础上，将点火系统中的分电器总成用电子控制装置取而代之后制造而成。它利用电子配电控制技术将点火线圈的次级绕组直接与火花塞相连，即把点火线圈产生的高压电直接送给火花塞进行点火，由此实现了点火系统全电子化的目标。由于无分电器式电控点火系统改变了传统的机械式分火方式，即用微型计算机控制电子配电方式取而代之，失误率小、无机械磨损、无需调整，且高压电由点火线圈直接作用在火花塞上，可减小无线电干扰及能量损失。现在越来越多的汽车采用了这种点火系统。

DLI 系统的 ECU 不仅具有根据发动机的工况对点火提前角进行控制的功能，同时还具备电子配电功能，即可控制点火线圈组中的点火线圈导通与截止的时序，以此控制火花塞依次击穿点火的时序，完成点火控制过程。DLI 系统根据配电方式不同，又可分为单独点火、双缸同时点火及二极管配电点火三种类型，如图 1.50 所示。

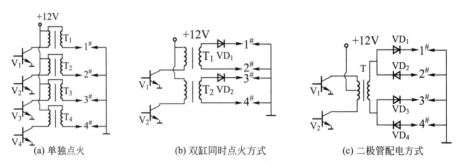

图 1.50 DLI 系统电子配电方式

单独点火方式是将点火线圈直接安装在火花塞的顶上，不仅取消了分电器，而且取消了高压线，故分火性能较好，相比而言，其结构与点火控制电路较为复杂。

双缸同时点火方式的两个火花塞共用一个点火线圈且同时点火，这种配电方式只能用在缸数为双数的发动机上。此外，与单独点火配电方式相比，其结构与点火控制电路相对简单，仍保留了点火线圈与火花塞之间的高压线，因此能量损失略大。此外，串联在高压回路的二极管，可用来防止点火线圈在初级绕组导通瞬间所产生的次级电压加在火花塞上后发生的误点火。

二极管配电点火方式的特点是四个气缸共用一个点火线圈，但点火线圈则为内装双初级绕组、单输出次级绕组的特制点火线圈，且利用四个二极管的单向导通性交替完成对一、四缸和二、三缸的配电过程。这种点火配电方式与双缸同时点火配电方式相比，具有相同的特性，但对点火线圈要求较高，而且发动机的气缸数应是 4 的倍数。

1.2.3 电控点火系统的控制原理

电控点火系统的控制内容主要包括点火时刻控制（即点火提前角控制）、通电时间控制、电子配电控制及爆燃控制等，其中爆燃控制为点火时刻控制的反馈控制。

1. 点火提前角控制

点火提前角对发动机的动力性、经济性及排放净化等有着直接的影响，因此有必要对其进行精确控制。因为影响点火提前角的因素很多，而且关系复杂，难以找到精确的数学模型，所以实际中通常是采用实验的方法来确定发动机在各种工作状态下的最佳点火时刻。由于影响发动机点火提前角的主要因素是发动机的转速和负荷，因此实验时先将发动机的转速、负荷划分若干个小区，形成一个由转速与负荷构成的点阵，通过实验获得不同转速、负荷时所对应的点火提前角的最佳值，以此绘出点火提前角的三维控制脉谱（MAP）图，如图 1.51 所示。将该图转换成二维表如图 1.52 所示，并将这些数据作为最佳点火提前角标准参数存入存储器 ROM 中，以供实际的点火提前角控制所用。在存储器 ROM 中，还存储有根据实验确定的各种修正参数和控制程序，用于点火提前角的修正控制。修正点火提前角是 ECU 根据发动机转速和负荷信号以外的有关传感器信号对点火时刻进行修正的点火提前角，主要包括暖机修正、怠速稳定修正、过热修正、空燃比反馈修正等。

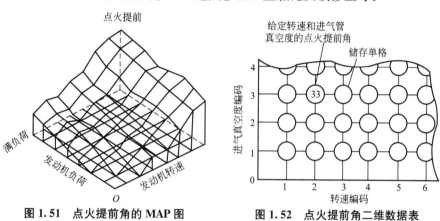

图 1.51　点火提前角的 MAP 图　　**图 1.52　点火提前角二维数据表**

点火提前角控制一般包括起动时点火提前角控制和起动后点火提前角控制两个方面。

1) 起动时点火提前角控制

发动机起动时，由于发动机的转速和负荷（进气压力或进气流量）变化较大，无法正确计算点火提前角，因此，在发动机起动且转速在 400r/min 以下时，通常将点火提前角固定在初始点火提前角，即此时的实际点火提前角等于初始点火提前角。

但是，也有一些发动机为了提高起动性能，起动时的点火时刻并不是初始点火提前角，而是由 ECU 根据发动机的温度和转速对点火提前角进行适当的控制。例如，日产公司的 ECCS 系统，在正常起动转速（大于 100r/min）时，主要考虑温度对发动机燃烧的影响。当温度较低时，从点火到迅速燃烧需要较长的时间，因此应该适当增大点火提前角。

在低起动转速（小于 100r/min）时，若保持原有的点火提前角，则可能在活塞到达上止点前，混合气就已经迅速燃烧起来，造成发动机起动困难甚至反转。为避免这种情况，ECU 根据起动转速的高低来确定低速点火提前角，具体公式如下：

　　　　低速起动点火提前角＝正常起动转速点火提前角×（起动转速/100）

2) 起动后点火提前角控制

当发动机起动后，点火开关提供的起动信号消失，ECU 随即进入起动后点火提前角控制程序。起动后点火提前角控制主要包括基本点火提前角控制和修正点火提前角控制两个方面。

（1）基本点火提前角。

基本点火提前角通常以二维表的形式储存在 ECU 的 ROM 中，分为怠速与正常行驶两种情况。

① 急速时的基本点火提前角。急速时的基本点火提前角是指传感器有急速信号输出时所对应的基本点火提前角。其值根据空调或其他辅助系统是否工作及急速转速的不同而略有不同，如图1.53所示。若空调工作，急速目标转速应提高，可适当增加点火提前角，以利于发动机稳定运转。以丰田TCCS系统为例，空调工作时基本点火提前角为8°；空调不工作时急速基本点火提前角则为4°。

② 正常行驶时的基本点火提前角。正常行驶时的基本点火提前角主要依据发动机的转速和负荷确定。ECU根据相关传感器的输出信号从ROM中找出基本点火提前角的最佳值，如图1.54所示。

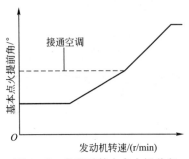

图1.53　急速时基本点火提前角

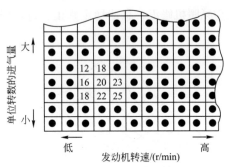

图1.54　正常状态下基本点火提前角

（2）修正点火提前角。

通过上述方法得到基本点火提前角后，再通过修正方可得到最终实际控制的最佳点火提前角。点火提前角修正一般分为：

① 急速暖机修正。急速暖机修正主要是指当急速触点闭合时，ECU根据冷却液温度进行修正的点火提前角。当冷却液温度较低时，由于混合气的燃烧速度较慢，因此应该适当增大点火提前角，以促使发动机尽快暖机。随着温度的升高，点火提前角的修正值应逐渐减小，直至温度达到一定值时，急速暖机修正结束。典型暖机修正特性，如图1.55所示。

② 急速稳定修正。发动机急速运转时，急速转速因负荷的变化（如空调、动力转向等工作）会出现波动，ECU根据实际转速与目标转速差值适当修正点火提前角可以稳定发动机的转速。当实际转速低于所设定的目标转速时，ECU根据其差值大小适当地增大点火提前角；当实际转速高于目标转速时，则应适当地减小点火提前角。典型急速稳定修正特性，如图1.56所示。

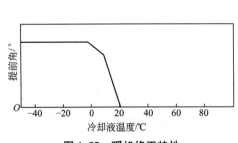

图1.55　暖机修正特性

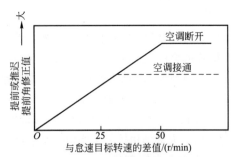

图1.56　急速稳定修正特性

③ 过热修正。过热修正是指当发动机温度过高时，为使发动机能够正常工作而对点火提前角进行适当的修正，具体包括两种情况：一种是发动机在正常运转（怠速触点断开）时，如果发动机温度过高，则容易产生爆燃，为避免这种情况发生，应适当减小点火提前角；另一种是发动机在怠速工况时，如果发动机温度过高，则应适当增大点火提前角，以避免发动机长时间过热。典型过热修正特性，如图 1.57 所示。

④ 空燃比反馈修正。对于利用氧传感器进行闭环控制的汽油喷射系统，当处于闭环控制时，ECU 根据氧传感器的信号对空燃比进行修正。随着修正喷油量的增加或减少，发动机的转速会在一定范围内波动。为了提高发动机转速的稳定性，ECU 在控制喷油量减少而使混合变稀的同时，应该适当地增大点火提前角；反之，在控制喷油量增加的同时，应该适当地减小点火提前角。典型空燃比反馈修正特性，如图 1.58 所示。

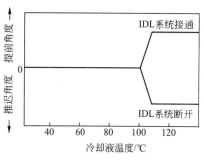

图 1.57　过热修正特性

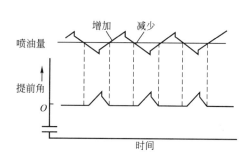

图 1.58　空燃比反馈修正特性

⑤ 极限提前和推迟控制。发动机的实际点火提前角由初始点火提前角、基本点火提前角与修正点火提前角组成。当发动机工作时，如果实际点火提前角过大或过小，则会导致发动机工作不正常。因此，电控点火系统设定了一个实际点火提前角的数值范围，以控制发动机工作时其点火提前角不会超出正常工作的极限值。不同的发动机，设定的点火提前角的最大和最小极限值不同，一般最大值为 35°~45°，最小值为−10°~0°。

此外，当发动机的后备系统工作时，点火提前角通常被设定为初始点火提前角；当发动机产生爆燃时，也应对点火提前角进行适当修正，以消除爆燃。

2. 通电时间控制

当点火线圈的初级电路接通后，初级电流是按照指数规律增长的，因此初级电路被断开瞬间初级电流所能达到的数值与初级电路接通的时间长短有关。只有通电时间达到一定值时，初级电流才能达到饱和，从而使次级电压达到最大值，因此必须保证足够的通电时间。但是通电时间过长，也会使点火线圈过热，造成电能消耗增大甚至点火线圈损坏，所以最佳通电时间的确定要兼顾上述两个方面的要求。

影响初级绕组通电时间的主要因素有发动机转速与蓄电池电压。由于通电时间是以曲轴转角来度量的，对于不同的转速，单位曲轴转角所代表的绝对时间各不相同。同时，当蓄电池电压发生变化时，点火线圈初级电流的上升速率也会发生变化，导致在相同的通电时间里初级电流的大小有所变化，因此有必要根据发动机转速与蓄电池电压对通电时间进行修正。

发动机工作时，ECU 根据输入的蓄电池电压和发动机转速信号，从通电时间数据表中查出相应的数值，通过点火线圈驱动电路对初级绕组通电时间进行控制。当发动机转速高时，应适当增加通电时间，以防止初级绕组通电电流值减小、次级电压下降而造成点火困难。当蓄电池电压较高时，应减小初级电路的通电时间，以防止因初级电流过大而造成电能消耗增大甚至点火线圈损坏；当蓄电池电压较低时，则应增加初级电路的通电时间，以保证形成足够大的初级电流，提供足够的点火能量。

3. 电子配电控制

图 1.59 所示为日本丰田公司 1G－GZEU 型发动机采用的 DLI 系统电路图，ECU 除向点火控制模块输出点火信号 IG_t 外，同时输出气缸判别信号 IGd_1、IGd_2，为点火控制模块提供气缸的点火时序。下面以此为例对电子配电控制加以说明。

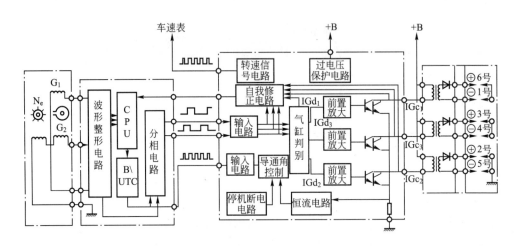

图 1.59 IG－G2EU 型发动机 DLI 系统电路图

1）输入信号

曲轴位置传感器由 G_1、G_2 及 N_e 三个线圈组成，用于判别气缸行程及检测 CA 的位置，以此确定点火提前角和通电时间。

G_1 信号产生的原理与普通电磁式信号发生器的工作原理相同，只要 G_1 线圈信号出现，即表示第六缸处于压缩行程上的止点位置，主要用于确定点火时刻基准。

G_2 线圈与 G_1 线圈相位相差 $360°$CA，因此当 G_2 信号出现时，即表示第一缸活塞处于压缩行程上的止点位置，其作用与 G_1 信号相同。

N_e 信号传感器转子有 24 个齿，每转一圈将产生 24 个脉冲信号，其周期长度为 $30°$CA。将此脉冲信号整形后，再通过电路将 24 个脉冲进行 720 脉冲分频，即可产生 $1°$CA 信号，主要用于计量点火提前角和点火线圈的通电时间。

2）输出信号

ECU 依据发动机转速、进气量、冷却液温度、起动开关等信息，精确计算点火提前角，并向点火控制模块发出 IGd_1、IGd_2 及 IG_t 信号，如图 1.60 所示。其中，IG_t 为点火信号，用于各缸点火提前角的控制，而信号 IGd_1 和 IGd_2 为气缸判别信号。点火控制模块可据此判定气缸的点火次序，依次完成对点火线圈点火过程的控制。

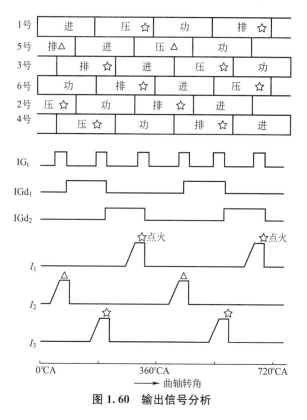

图 1.60　输出信号分析

由于电控燃油喷射（EFI）系统中喷油器驱动信号也来自于曲轴位置传感器。若点火系统出现故障时火花塞不点火，而曲轴位置传感器工作正常，喷油器会照常喷油，因此会造成汽油进入气缸，导致发动机状态异常，或继续运转时三元催化转换器过热。为了避免这种现象发生，设定当完成点火过程后，点火控制模块应及时向 ECU 返回点火确认信号 IG_f，若其 3～5 个工作循环均无 IG_f 信号反馈时，ECU 便以此判定点火系统有故障，发出指令强行断油，使发动机熄火。

4．爆燃控制

汽油发动机利用火花塞点燃混合气，通过火焰传播的方式进行燃烧，以此完成可燃混合气在气缸内的膨胀做功过程。如果气缸压力、气体温度异常升高，则可能造成部分混合气不等火焰传播而自行着火燃烧，从而瞬时在气缸内形成多个燃烧火源促使温度升高，产生强大的压力波，这种现象称为爆燃。爆燃会造成发动机噪声过大、机构损坏及火花塞电极或活塞产生熔损现象等危害，因此有必要对发动机的爆燃现象进行抑制。通常，抑制爆燃现象的措施主要有采用抗爆性好的燃料、改进燃烧室的结构、加强冷却液的冷却效果、推迟点火时刻等，其中推迟点火时刻对取消爆燃的效果最为明显。

1）爆燃与点火时刻关系

爆燃产生和发动机点火时刻密切相关，如图 1.61 所示。如果点火时刻早，燃烧的最高压力会过高，则容易爆燃发生。通常发动机发出最大转矩对应的点火时刻将处在产生爆燃对应的点火时刻附近（MBT 曲线）。传统点火系统除根据油料品质选择点火提前角外，并无其他爆燃控制系统。点火时刻设定远离爆燃界限，点火时刻滞后，导致发动机转矩和功率下降，燃料消耗增加，如图1.62所示。

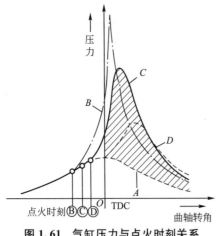

图1.61 气缸压力与点火时刻关系

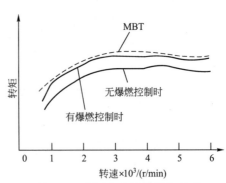

图1.62 爆燃与发动机转矩关系

因此，在设置爆燃传感器的点火闭环控制系统中，可利用反馈控制把点火时刻控制在爆燃界限点附近，即所谓"微爆"状态，有利于提高发动机各项性能。

2）爆燃传感器

爆燃传感器用于检测发动机的爆燃趋势与程度，以实现发动机点火时刻的闭环控制，从而有效地抑制爆燃现象的发生。此外，由于闭环控制系统可将发动机的燃烧过程控制在轻微爆燃状态，故能有效地提高发动机的工作性能。爆燃传感器是点火闭环控制系统中不可缺少的信号反馈元件。

发动机的爆燃检测方法通常有气缸压力法、机体振动法及燃烧噪声法。其中气缸压力检测法精度最佳，但传感器直接接触爆燃源，耐久性差且安装困难。一般仅用于试验研究型发动机。燃烧噪声检测法采用非接触式检测法，故耐久性很好，但精度和灵敏度偏低。目前，最常见的是用发动机机体振动法来判断爆燃强度。采用检测发动机机体振动法的爆燃传感器有磁致伸缩和压电式两种类型，其中压电式又有共振型和非共振型两种结构。

（1）磁致伸缩式爆燃传感器。

这种传感器通常安装在发动机机体上，可将机体振动信号转换成电压信号以此检测发动机的爆燃强度。磁致伸缩式爆燃传感器的结构与输出特性，如图1.63所示，主要由磁心、永久磁铁及感应线圈等组成。

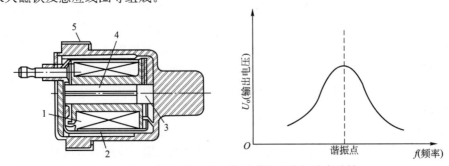

图1.63 磁致伸缩式爆燃传感器的结构与输出特性

1—感应线圈；2—内盖；3—永久磁铁；4—磁心（高镍合金）；5—外壳

当发动机产生振动时，磁心受振动偏移，致使感应线圈内磁通量发生变化，在感应线圈内产生感应电动势，其大小与发动机振动的频率有关。当传感器的固有振动频率与发动机发生爆燃时的振动频率一致且产生谐振时，传感器将输出最大电压信号。ECU 根据谐振点输出的电压信号，即可判断出发动机爆燃强度。

（2）非共振型压电式爆燃传感器。

这种爆燃传感器用于根据振动加速度信号来判断发动机爆燃强度，如图 1.64 所示。其组成元件主要有同极性相向对接的两个压电元件和固定于壳体上的配重。发动机工作时，配重将机体加速度信号转换成压力信号，作用于压电元件上，压电元件再将压力信号转换成电压信号输出。

非共振型压电式爆燃传感器的输出特性，如图 1.65 所示，其特点是较为平缓。即使在爆燃发生的频率及其附近，输出电压也不会很大。因此，必须将反映发动机振动频率的输出电压信号送至能识别爆燃信号的滤波器中，通过滤波处理后便可判别是否有爆燃信号产生及其强度。此传感器可用于检测具有很宽频带的发动机振动频率。当用于不同发动机上时，只需调整滤波器的过滤频率即可使用，而不需更换传感器，是非共振型压电式爆燃传感器的突出优点。

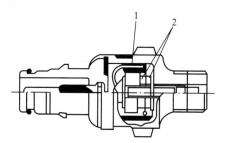

图 1.64　非共振型压电式爆燃传感器

1—配重；2—压电元件

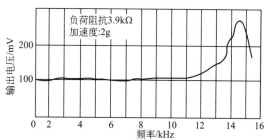

图 1.65　非共振型压电式爆燃传感器的输出特性

3）爆燃控制原理

爆燃现象一般是 ECU 根据爆燃传感器信号进行判别的。爆燃传感器通常安装在发动机的缸体上，它将发动机缸体的振动信号转变为电压信号，并输入 ECU 作为判别爆燃现象的控制信号。由于爆燃传感器输出的电压信号中还包含有各种频率的其他电压信号，因此需要用识别电路来鉴别爆燃信号。首先 ECU 利用滤波电路对爆燃传感器送来的信号进行滤波处理，将特定频率范围内的爆燃信号与其他信号分离，然后将滤波后的信号峰值与爆燃判别基准值进行比较，判别发动机是否发生爆燃以及爆燃的强度。若信号峰值超过基准值，则说明发动机处于爆燃状态，应适当推迟点火时刻；若一定时间内无爆燃现象发生，则阶跃地提前点火时刻，直至爆燃现象再次发生后，重新开始推迟点火时刻。如此往复，使发动机处于轻微爆燃的状态。爆燃强度一般是根据一定时间内爆燃信号超过基准值的次数来判定的，次数越多，爆燃强度越大；相反次数越少，爆燃强度越小。爆燃强度的判定与爆燃反馈的控制原理，分别如图 1.66 和图 1.67 所示。

此外，由于发动机运转时的振动信号频繁且强烈，为了防止产生错误的爆燃判别，发动机并非在任何时刻都进行爆燃反馈控制。通常设定的爆燃控制范围只局限于发动机点火后且爆燃可能发生的一段曲轴转角范围内，只有在该范围内，ECU 才对爆燃信号进行判别。同时，当发动机的负荷低于一定值时，一般不会出现爆燃现象，因此，此时也不采用爆燃反馈控制。

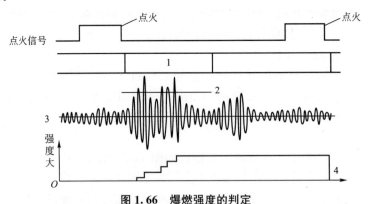

图 1.66　爆燃强度的判定

1—爆燃判定期间；2—爆燃判断基准；3—爆燃传感器输出信号；4—爆燃强度判定曲线

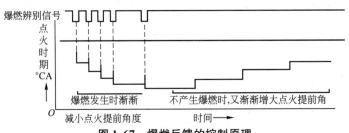

图 1.67　爆燃反馈的控制原理

1.3　辅助控制系统

电控汽油发动机辅助控制系统主要包括进气控制系统、怠速控制系统、排放控制系统及故障自诊断系统等。

1.3.1　进气控制系统

在不改变发动机气缸容积的情况下，增加进入气缸的空气量及喷油量，可以增加可燃混合气的总量，提高发动机的输出转矩与功率。目前，提高进入气缸空气量的进气控制系统主要包括进气谐波增压控制系统、废气涡轮增压控制系统、可变气门控制系统及电子控制节气门系统等。

1. 进气谐波增压控制系统

进气谐波增压控制系统利用进气气流惯性产生的压力来提高充气效率。当气体高速流向进气门时，如果进气门突然关闭，进气门附近的气体流动突然停止。由于惯性作用，进气管中的气体仍然继续流动，将使进气门附近的气体压缩，气体压力上升。当惯性作用结束后，被压缩的气体开始膨胀，向与进气气流相反的方向流动，气体压力下降。膨胀气体传到进气管口又被反射回来，形成压力波。如果使这种进气压力脉动波与进气门的配气相位相配合，可使进气管内的空气产生谐振，利用谐振效果在进气门打开时形成增压进气效果，有利于增加发动机的输出转矩和功率。

一般而言，进气管较长时，谐振压力波的波长也较长，有利于发动机在中、低转速时转矩增加；进气管较短时，谐振压力波的波长也较短，有利于发动机在高速范围内输出功率增加。若发动机进气管的有效长度可以随转速改变，则能使发动机在整个转速范围内充分利用进气谐振效应，有效地提高发动机的动力性。

图 1.68 所示为大众帕萨特 AJR 发动机进气谐波增压装置的原理示意图。虽然实际进气管的长度不能变化，但是由于在进气管中部增设了一个转换阀及其控制电磁阀，从而实现了进气压力波传播有效长度的改变，可以同时兼顾发动机低速和高速的谐波增压效应。ECU 通过控制电磁阀的通断电，调节转换阀控制机构一侧的真空度，从而控制转换阀转动动作。当发动机转速较低时，电磁阀断电，转换阀关闭，进气管内的脉动压力波传播长度为由空气滤清器至进气门的距离；这一距离的长度，按发动机中低速进气增压效果要求设计。当发动机转速较高时，电磁阀通电，通过进气歧管的真空度使转换阀打开，从而使进气压力脉动波在转换阀和进气门之间传播，这样等效于缩短了压力波的传播距离，使发动机在高速区也能得到较好的谐波增压效果。

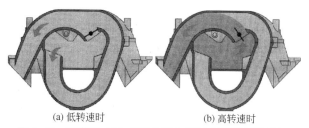

(a) 低转速时　　　　　(b) 高转速时

图 1.68　帕萨特 AJR 发动机进气谐波增压装置的原理

图 1.69 所示为一种典型进气谐波增压控制系统的结构。发动机其他结构不变的情况下，在进气管中部增加了真空罐与谐振室、真空电磁阀、真空电动机、转换阀等控制机构。真空罐与谐振室经单向阀相通，为系统提供真空源；真空电动机经真空电磁阀与真空罐相通，可带动转换阀打开与关闭。当发动机低速运转时，ECU 使真空电磁阀断电，真空罐与真空电动机截止，从而使转换阀关闭。此时，进气脉动压力波在最长距离内传递，适宜发动机在中、低转速区域形成谐振增压效果。当发动机高速运转时，ECU 使真空电磁阀通电，真空罐与真空电动机相通，从而使真空电动机在负压的作用下产生移动而打开转换阀。此时，由于大容量谐振室的参与，压力波在谐振室与进气门之间传播，缩短了其传播距离，提高了高速时的谐振增压效果。

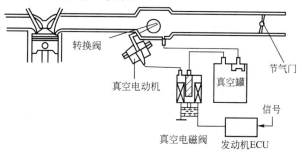

图 1.69　典型进气谐波增压系统的结构

2. 废气涡轮增压控制系统

发动机输出功率的大小与充入气缸的空气质量存在直接关系。在发动机压缩比及排量一定的情况下，提高进气的密度是提高发动机输出功率的有效途径。增压可使进入气缸前的空气预先被压缩，再以高密度送入气缸，由于进气密度增大而使发动机得到更多的新鲜空气，从而提高发动机的输出功率。废气涡轮增压和机械增压是提高充入气缸空气密度的两种常用方法，由于废气涡轮增压所消耗的功率由发动机排出的废气提供，不消耗发动机输出的有效功率，所以其是一种经济而有效的方法。

废气涡轮增压技术早期应用在大功率柴油发动机上。随着电子技术的发展，ECU 可以方便地进行爆燃控制、增压压力控制等，摆脱了涡轮增压器与汽油发动机匹配困难的问题。研究证明，一台汽油发动机在装上废气涡轮增压控制系统后，最大转矩可以增加 30% 以上。例如，大众帕萨特 1.8L 发动机在装上废气涡轮增压控制系统后，动力可以达到 2.4L 发动机的水平，而百公里油耗却很少，提高了发动机的动力性和经济性，降低了尾气排放量。

1）结构原理

废气涡轮增压控制系统主要包括传感器、ECU、放气阀控制电磁阀、涡轮增压器及冷却器等组成，涡轮增压器主要由进气泵轮、废气涡轮、放气阀、放气阀真空膜片盒等组成，如图 1.70 所示。发动机排出的具有一定能量的尾气驱动废气涡轮高速转动，并带动同轴的进气泵轮一起转动，对从空气滤清器进入的新鲜空气进行压缩后送入气缸。因此，可以吸入较多的空气，显著提高进气效率，达到提高发动机输出功率的目的。

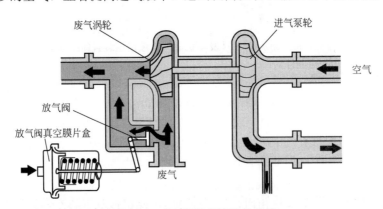

图 1.70　废气涡轮增压器的结构

涡轮增压器工作时的最高转速可达 $2 \times 10^5 \, \text{r/min}$，因此平衡与润滑非常重要。涡轮增压器一般采用浮动轴承，其与轴及轴承座之间都有间隙，从而形成双层油膜。涡轮增压器工作时，轴承在轴与轴承座中转动，来自发动机润滑系统主油道的机油，润滑和冷却涡轮增压器的轴和轴承。在涡轮增压器轴上装有油封，用来防止机油窜入进气泵轮或废气涡轮壳内。涡轮增压器工作时产生的轴向推力，由设置在进气泵轮一侧的整体式推力轴承承受。由于汽油机涡轮增压器的热负荷大，因此在涡轮增压器中间体的废气涡轮侧设置水套，用水管与发动机的冷却系相连；也有些涡轮增压器在中间体内不设置冷却水套，只靠机油及空气进行冷却。

2）控制原理

采用废气涡轮增压技术后，由于平均有效压力增加，发动机爆燃倾向增大，热负荷偏高。为了保证发动机在不同转速及工况下都能获得最佳增压值，以防止发动机爆燃、限制热负荷，必须对涡轮增压压力进行控制。目前，废气旁通阀是调节增压压力最简单有效的方法，其包括机械控制与电子控制两种方式。

（1）机械控制。

早期的废气涡轮增压系统多采用机械控制方式对涡轮增压压力进行控制，如图1.71所示。通过控制废气旁通阀阀门，改变废气通路走向，使废气通过废气涡轮室或旁路排出，实现对增压压力的控制。如果废气旁通阀阀门打开，那么通过废气涡轮的尾气量及压力会减小，废气涡轮转速降低，进气泵轮的增压压力随之减小。

废气旁通阀由膜片式放气控制阀控制，膜片式放气控制阀中的膜片将控制阀分为左、右两个室，左室为空气室经连通管与进气泵轮出口相通，右室为膜片弹簧室，膜片弹簧作用在膜片上，膜片通过连动杆与废气旁通阀连接。当进气泵轮出口压力，即增压压力低于限定值时，膜片在膜片弹簧的作用下左移，带动连动杆将废气旁通阀关闭；当增压压力超过限定值时，增压压力克服膜片弹簧力，推动膜片右移，带动连动杆将废气旁通阀打开，使部分废气不经过废气涡轮直接排放到大气中，从而达到控制涡轮增压压力的目的。

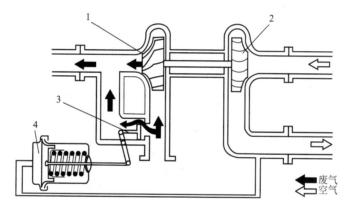

图1.71　机械控制式废气涡轮增压系统

1—废气涡轮；2—进气泵轮；3—废气旁通阀；4—膜片式控制阀

（2）电子控制。

电子控制式废气涡轮增压系统如图1.72所示，与机械控制式的不同之处在于其ECU可以通过控制增压压力电磁阀的通断电来调节膜片式控制阀空气室的压力，改变废气旁通阀的开度，获得不同的涡轮增压压力效果。在ECU的存储器中，存储着发动机增压压力特性图的有关数据，增压压力理论值随着发动机转速变化。在发动机工作时，ECU根据增压压力等传感器输入的信息，可以确定当前的实际进气增压压力，然后将实际进气压力与存储的理论值进行比较。若实际值与理论值不相符，则ECU输出控制信号，对增压压力电磁阀进行控制，改变膜片式控制阀的空气室压力，使废气旁通阀动作。当实际进气压力低于理论值时，废气旁通阀阀门开度减小，进气压力增加；当实际进气压力高于理论值时，废气旁通阀阀门增大，进气压力降低，从而使实际进气压力与理论值保持一致。

在实际控制中，为了获得较好的控制效果，基本都是采用调节点火时刻和调节增压压力相结合的办法。因为如果只是单一地增加或降低增压压力，会导致发动机运行性能降

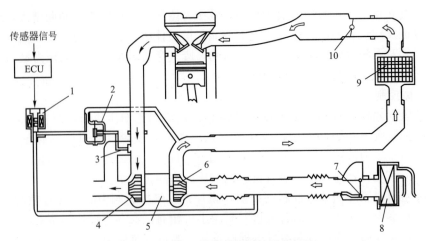

图1.72　电子控制式废气涡轮增压系统

1—增压压力控制电磁阀；2—膜片式控制阀；3—旁通阀；4—动力涡轮；5—涡轮增压器；
6—增压涡轮；7—空气流量传感器；8—空气滤清器；9—冷却器；10—节气门

低。例如，当ECU根据传感器输入的信号判断出发动机爆燃时，即刻使点火提前角推迟，同时又平行地降低增压压力。在爆燃现象消失后，继续将增压压力缓慢降低，通过点火时刻调节装置，将点火提前角调节至最佳值。当点火提前角到达最佳值时，再慢慢地增加进气增压压力。有的系统还可按照预先编制好的程序，在发动机急加速时，允许增压压力在短时间内超出限定值，以提高发动机的加速性能。

3. 可变气门控制系统

传统的自然吸气式发动机，配气机构的配气相位与气门升程是固定的，发动机的动力性、经济性及排放性能的潜力均未得到充分发挥。随着汽油发动机的高速化和排放法规的日趋严格，为了兼顾高、低速和大、小负荷等各种工况，气门开启相位、气门开启持续角度及气门升程三个特性参数应相应改变，可变气门控制技术迅速发展起来。可变气门控制及其特点介绍如下。

在现代汽车发动机中，较多地采用了可变气门控制技术。在发动机运行过程中，气门正时及气门升程规律不是始终固定的，而是可以根据发动机的工作需要进行改变的。目前，由于各汽车生产厂家对可变气门的控制参数、控制方式不统一，因此名称也不一致。例如，本田公司称该装置为可变气门电子控制系统，或直接称为可变气门正时与气门升程电子控制系统，用VTEC表示。有的发动机，因仅改变气门正时，一般称为可变气门正时控制系统，用VVTC表示。近年来，有的资料常在其名称前面或后面加注一个英文字母"i"，如i-VTEC，其中的i(intelligent)，表示具有智能的意思。

在传统发动机运行过程中，气门正时和气门升程是固定不变的。在设计气门正时时，对某一定型的发动机来说，仅在某一运转范围内最为有利，发动机的性能较佳；而在其他运转状态下，发动机性能并没有得到充分发挥。在现代发动机中，当采用可变气门电子控制装置后，根据发动机的工作需要(主要指转速和负荷)，可对气门正时和气门升程适时地进行改变，从而提高发动机的动力性，降低油耗及排放。其原因是发动机工况不同，对气门正时和气门升程的要求不同，主要表现有以下几个方面。

首先，在发动机转速较高时，希望进气门提早开启、推迟关闭。一方面，能在进气过程中提供较多的时间，较好地解决高转速时进气时间不足的问题，同时也因高速气体流动惯性得到充分利用，能使新鲜气体继续流入气缸，从而有利于提高充气效率及发动机功率；另一方面，由于进、排气门叠开角增大，特别是在中等负荷时，有更多的废气可以进入进气管，随同新鲜气体一起进入气缸，可提高废气再循环率，有利于降低 NO_x 的排放及油耗。

其次，在发动机转速较低时，如果仍像高转速那样使进气门提早开启、推迟关闭，则会造成进气门开启相位提前角和排气门关闭相位推迟角过大，不仅可能使大量废气冲入进气管，而且可能将已经吸入气缸的新鲜气体又重新推回进气管中，导致发动机工作粗暴、怠速不稳及起动困难等，因此在转速较低时，希望进气门相对推迟开启、提早关闭。这样不仅有利于发动机低速时的转矩、降低油耗及改善起动性能，同时由于气门叠开角减小，能减少进气、排气过程中的互相干扰，不但能提高怠速的稳定性，同时也能减少新鲜混合气窜入排气管的数量，有利于减小 HC 的排放。

最后，气门升程的大小，也需要随发动机转速和负荷而变化。一般是高转速、大负荷时气门升程增大，减少气门节流损失，以利于提高充气效率和燃油经济性；而在低转速、小负荷时，则希望气门升程减小，因为此时不必减少节气门开度便能减小进气量，从而减少进气管泵气损失，同时还有利于增强进气涡流强度、加速燃烧、改善冷起动性能及降低油耗。

由上可知，现代汽油发动机采用可变气门电子控制系统后，能根据发动机性能优化的要求，在发动机中、低转速与高速运转状态下，适时的改变气门正时和气门升程，有利于更好地发挥汽油发动机的性能。下面以大众车系可变气门正时系统、丰田智能可变气门正时系统及本田可变气门电子控制系统为例加以介绍。

1）大众车系可变气门正时系统

大众车系可变气门正时系统大多采用正时链条控制，主要由凸轮轴调整电磁阀、可移动活塞、凸轮轴调整器及进排气凸轮轴等构成，如图1.73所示。发动机 ECU 根据发动机的转速判定可变气门正时系统是否工作。当 ECU 判定系统工作时，可变气门正时系统凸轮轴调整电磁阀通电，从而改变凸轮轴调整器内机油的流向，使可移动活塞上、下的机油压力发生变化，从而改变活塞的位置。活塞的上、下移动导致链条调整器上、下移动，从而推动链条上、下部的长度发生变化。

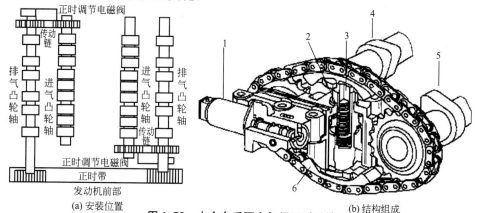

图 1.73 大众车系可变气门正时系统

1—凸轮轴调整电磁阀；2—活塞；3—液压缸；4—排气凸轮轴；
5—进气凸轮轴；6—凸轮轴调整器（与张紧器一体）

当发动机高速运转时，如图 1.74(a)所示，凸轮轴调整器向上推动可移动活塞，链条下部短、上部长。因为排气凸轮轴被正时带固定不能转动，链条带动进气凸轮轴顺时针旋转一定角度，从而使进气门开启时间提前，发动机提前进气，提高了进气效率和发动机功率，因此也称为功率调整。

当发动机中、低速运转时，如图 1.74(b)所示，凸轮轴调整器向下推动可移动活塞，链条上部变短、下部变长。进气凸轮轴被逆时针旋转一定角度，进气门打开和关闭时间推迟，此时可获得较大转矩输出，因此也称为转矩调整。

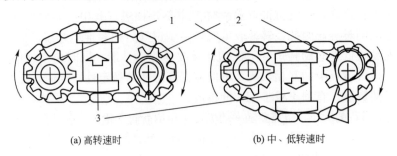

(a) 高转速时　　　　　　　　　　(b) 中、低转速时

图 1.74　大众车系可变气门正时系统的工作情况

1—排气凸轮轴；2—进气凸轮轴；3—可移动活塞

2) 丰田智能可变气门正时系统

智能可变气门正时系统(VVT-i)是一种控制进气凸轮轴的气门正时机构，在进气凸轮轴与传动链轮之间具有油压离合装置，使进气门凸轮轴与链轮之间转动的相位差在 40°范围内，可以改变通过调整凸轮轴转角对气门正时进行优化，从而提高发动机在所有转速范围内的动力性、经济性，降低尾气排放。

(1)VVT-i的结构组成。

VVT-i的结构组成如图 1.75 所示，主要由传感器、发动机 ECU 及执行机构组成，其中执行机构主要为 VVT-i 控制器与凸轮轴正时机油控制阀。

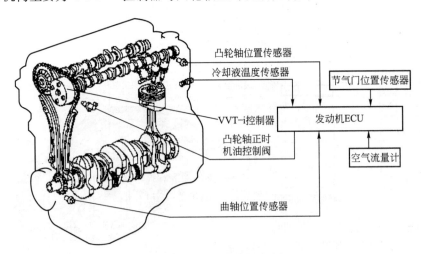

图 1.75　VVT-i的结构组成

VVT-i 控制器的结构如图 1.76 所示，由一个固定在进气凸轮轴上的叶片、一个与从

动正时链轮一体的壳体及一个锁销组成。VVT-i控制器拥有气门正时提前室和气门正时滞后室两个液压室，通过凸轮轴正时机油控制阀的控制，可在进气凸轮轴上的提前或滞后油路中传送机油压力，使控制器叶片沿圆周方向旋转，连续调整进气门正时，以获得最佳的配气相位。

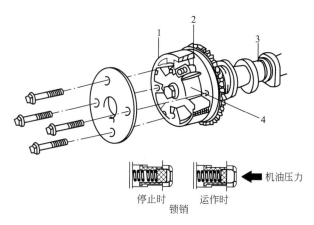

机油压力

停止时   运作时
锁销

图1.76   VVT-i控制器的结构
1—壳体；2—锁销；3—进气凸轮轴；4—叶片（固定在进气凸轮轴上）

凸轮轴正时机油控制阀由一个用来转换机油通道的滑阀、一个用来控制滑阀移动的线圈、一个柱塞及一个回位弹簧组成，如图1.77所示。工作时，发动机ECU接收各个传感器传来的信号，经分析、计算后发出控制指令给凸轮轴正时机油控制阀，凸轮轴正时机油控制阀以此控制滑阀的位置，从而控制机油液压使VVT-i控制器处于提前、滞后或保持位置。当发动机停止工作时，凸轮轴正时机油控制阀多处在滞后状态，以确保发动机的起动性能。

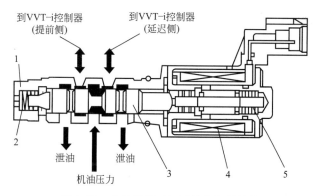

到VVT-i控制器   到VVT-i控制器
（提前侧）   （延迟侧）

泄油   泄油

机油压力

图1.77   凸轮轴正时机油控制阀的结构
1—套筒；2—回位弹簧；3—滑阀；4—线圈；5—柱塞

（2）VVT-i的工作原理。

发动机ECU根据发动机转速、进气量、节气门位置及冷却液温度等计算出一个最优气门正时，向凸轮轴正时机油控制阀发出控制指令，凸轮轴正时机油控制阀根据发动机ECU的控制指令选择至VVT-i控制器的不同油路以处于提前、滞后或保持这三个不同的工作状态。此外，发动机 ECU 根据凸轮轴位置传感器、曲轴位置传感器信号检测实际气门正时，从而进行反馈控制以获得预定的气门正时。其工作原理如图 1.78 所示，提前、滞后及保持三种工作状态的具体情况如表 1.1 所示。

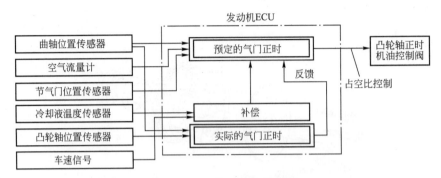

图 1.78　VVT‐i 的工作原理

表 1.1　VVT‐i 的三种工作状态

状态	工作过程	说　明
提前	叶片　旋转方向　发动机ECU　机油压力　进出	根据来自发动机 ECU 的提前信号，总油压通过提前油路作用到气门正时提前室，使叶片与凸轮轴一起向正时提前方向转动，气门正时被提前
滞后	叶片　旋转方向　发动机ECU　机油压力　出进	根据来自发动机 ECU 的滞后信号，总油压通过滞后油路作用到气门正时滞后室，使叶片与凸轮轴一起向正时滞后方向转动，气门正时被滞后
保持	发动机ECU　机油压力	预定的气门正时被设置后，发动机 ECU 使凸轮轴正时机油控制阀处于空挡位置（提前与滞后的中间位置），由此保持预定的气门正时

VVT‐i 在丰田多个车型上都有所应用，但 VVT‐i 并非目前丰田公司最先进的可变气门控制技术，其缺点是由于采用单一凸轮，不能调节气门升程。为此，丰田公司增加了气门升程调整装置，开发出了更为先进的智能可变气门正时和气门升程电子控制系统（VVTL‐i）。VVTL‐i 不仅可以在计算机的控制下进行气门正时控制，还可以根据转速和负荷的变化控制进气门和排气门升程的调整，在不影响燃油经济性和排放性能的前提下，能更加显著地提高发动机的动力性，应用于对动力性要求更高的车型。

　　VVT-i 的构造部件和 VVT-i 的构造部件基本相同，VVT-i 的特殊部件是用于 VVTL 的机油控制阀、凸轮轴和摇臂。至于凸轮轴转换机构，发动机 ECU 在对冷却液温度传感器和曲轴位置传感器信号进行分析计算后，利用机油控制阀（用于 VVTL）在两个凸轮之间进行转换控制，如图 1.79 所示。

　　用于 VVTL 的机油控制阀在发动机 ECU 控制下，利用对滑阀位置的控制，实现对凸轮转换机构高速凸轮侧的油压控制。为改变气门的升程量，进气和排气凸轮轴上有不同类型的凸轮，每个气缸都有中、低速凸轮和高速凸轮。凸轮转换机构由气门和凸轮之间的摇臂构成。

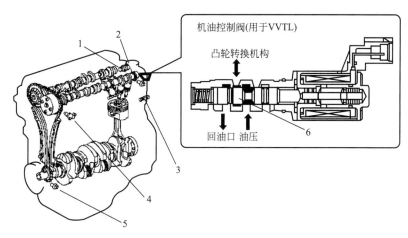

图 1.79　机油控制阀的控制

1—机油压力开关；2—凸轮轴位置传感器；3—冷却液温度传感器；

4—机油控制阀（用于 VVT）；5—曲轴位置传感器；6—滑阀

　　来自 VVTL 机油控制阀的油压传送到摇臂的油孔并使锁销推到垫块的下方，这样垫块被固定并与高速凸轮连接，如图 1.80 所示。当失去油压作用时，锁销被弹簧推回，使垫块处于自由状态，使得垫块能在垂直方向自由运动，从而使高速凸轮作用失效。

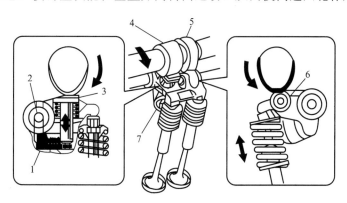

图 1.80　VVT-i 的凸轮控制

1—锁销；2—机油孔；3—垫块；4—高速用凸轮；5—中、低速用凸轮；6—滚子；7—摇臂

　　在发动机中、低速时，发动机转速低于 600r/min，机油控制阀打开回油口，油压没

有作用在锁销上，弹簧将锁销推到未锁定方向，垫块失去互锁作用。所以，此时由中、低速凸轮提升气门。

当发动机转速超过600r/min、冷却液温度高于60℃时，在摇臂内部，油压将锁销推到垫块的下方，使垫块作用于摇臂。所以，在中、低速凸轮推下滚子之前，高速凸轮已先推下摇臂，此时由高速凸轮提升气门。

3）本田可变气门电子控制系统

本田公司的可变气门正时及气门升程电子控制系统(VTEC)是世界上第一个能同时控制气门开闭时间及升程两种不同情况的气门控制系统，本田公司在其所有的车型中都使用了VTEC技术。与普通发动机相比，VTEC发动机所不同的是凸轮与摇臂的数目及控制方法。它有中、低速用和高速用两组不同的气门驱动凸轮，由发动机控制单元根据各传感器的输入信号，通过电磁阀调节摇臂活塞液压系统同时改变进气门的正时与升程，提高发动机的燃烧效率和大负荷、高转速时的功率性能，使发动机在低速时具有较大转矩，而在高速时又能输出较大功率，极大地改善了汽车的动力性和经济性。

（1）VTEC的结构组成。

如图1.81所示，VTEC发动机每个气缸都有与普通气门一样动作的四个气门(一个主进气门和一个副进气门、两个排气门)，在凸轮轴上，为每个气缸设置三个承担进气的凸轮(并列中间)和两个承担排气的凸轮。每个进气门均有单独的凸轮通过摇臂来驱动，与主、副进气门所接触的摇臂分别叫主、副摇臂。在主、副摇臂之间，设有一个特别的中间摇臂，它不与任何气门直接接触。两个摇臂并列排在一起，绕同一根摇臂轴转动。在主摇臂内有一条油道与摇臂轴油道相通，在主摇臂的腔内有一个正时活塞，在副摇臂的腔内有同步活塞A和同步活塞B，在正时活塞、同步活塞间有一个正时弹簧，在主摇臂上设有一个正时板。气门摇臂组的结构如图1.82所示。

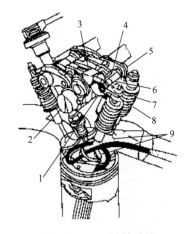

图1.81　VTEC的结构

1—主摇臂；2—凸轮轴；3—正时板；4—中间摇臂；
5—副摇臂；6—同步活塞B；7—同步活塞A；
8—正时活塞；9—进气门

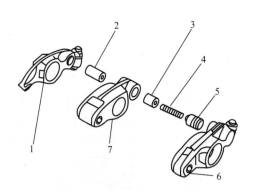

图1.82　气门摇臂组的结构

1—副摇臂；2—同步活塞B；3—同步活塞A；
4—正时弹簧；5—正时活塞；
6—主摇臂；7—中间摇臂

主、副摇臂及中间摇臂分别与凸轮轴上的三个凸轮相对应。三个凸轮分别称为主凸轮、副凸轮和中间凸轮，也有的将主、副凸轮称为低速凸轮，中间凸轮称为高速凸轮。两个凸轮具有不同的型线，致使气门正时与升程也不相同。中间凸轮使气门升程最大，它是按发动机高转速、大负荷最佳输出功率状态要求设计的。主凸轮升程小于中间凸轮，它是按发动机低速工作时最佳状态要求设计的。副凸轮的升程最小，最高处也只是略高于基圆，其作用是在低转速时，驱动副进气门稍微开启，以免喷油器喷出的燃油积聚在气门口外不能进入气缸。中间摇臂一端与中间凸轮接触，接受中间凸轮驱动，而另一端不与任何气门直接接触。低转速时，中间摇臂的另一端推动支撑弹簧空行，并依靠其复位；高转速时，中间摇臂的另一端依靠安置在摇臂孔内的专门柱塞与主、副摇臂联动后，用来驱动主、副进气门的开闭。

如图 1.83 所示，VTEC 的控制系统主要由控制单元、VTEC 电磁阀和压力开关等组成。其中，VTEC 电磁阀的结构如图 1.84 所示。

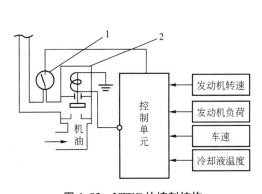

图 1.83　VTEC 的控制结构

1—压力开关；2—VTEC 电磁阀

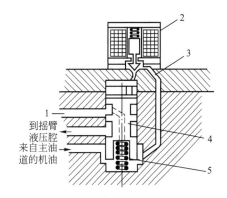

图 1.84　VTEC 电磁阀的结构

1—回油孔；2—VTEC 控制电磁阀；3—控制油道；
4—液压控制活塞；5—回位弹簧

（2）VTEC 的工作原理。

如图 1.83 所示，工作时，发动机转速、负荷和冷却液温度等信号输入 ECU，经分析处理后决定对配气机构是否实行 VTEC 控制，即控制 VTEC 电磁阀打开或关闭，进而控制液压执行阀和气门机构的动作。另外，VTEC 电磁阀开启后，VTEC 压力开关负责检测系统是否正处在工作状态，反馈一个信号给控制单元以监控系统工作。当出现下列情况时系统才会实行 VTEC 控制：发动机转速达 2300～3200r/min，发动机进入中等负荷以上时，车速高于 10km/h 时，冷却液温度高于 10℃时。

① 低速状态。发动机在低转速时，控制电磁阀没有打开，在弹簧弹力的作用下液压执行活塞处于最高位置，机油经活塞中部的孔流回油底壳，如图 1.84 所示。装在主摇臂上的正时板也在弹簧作用下挡住正时液压活塞向右运动，如图 1.85(a) 所示。此时，主摇臂、中间摇臂和副摇臂是彼此分离独立动作的，凸轮 A 与凸轮 B 分别驱动主摇臂和副摇臂以控制气门的开闭，如图 1.85(b) 所示。由于凸轮 B 的升程很小，因而进气门只稍微打开。虽然此时中间摇臂已被凸轮 C 驱动，但由于中间摇臂与主摇臂、副摇臂是彼此分离的，故不影响气门的正常开闭，即在低速状态，VTEC 机构不工作，气门的开闭情况与普通顶置凸轮轴式配气机构相同。

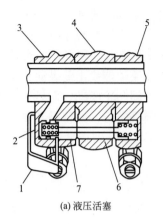
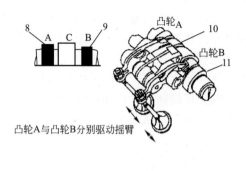

凸轮A与凸轮B分别驱动摇臂

(a) 液压活塞   (b) 凸轮与摇臂

图1.85 低速状态工作情况

1—正时板；2—正时活塞；3—主摇臂；4—中间摇臂；5—副摇臂；
6—同步活塞B；7—同步活塞A；8，10—主凸轮；
9，11—副凸轮；A、B、C—凸轮

② 高速状态。当发动机高速运转时，由于离心力和惯性作用，正时板克服弹簧作用力而取消对正时活塞的锁止。当发动机转速达到某一特定转速时，控制电磁阀接收到控制单元的信号而接通油路，一部分机油便流到液压控制活塞的顶部，使活塞向下运动关闭回油道，使机油经活塞中部的孔沿摇臂轴流到各气门摇臂的液压腔，流入正时活塞左侧，如图1.84和图1.86(a)所示，使同步活塞移动，将主、副摇臂和中间摇臂锁成一体，一起动作，如图1.86(b)所示。此时，由于凸轮C比凸轮B高，所以由它来驱动整个摇臂，并且使气门开启时间延长，开启的升程增大，从而达到改变气门正时和气门升程的目的。当发动机转速降低至设定值时，摇臂中同步活塞端的油压也将由控制单元控制而降低，同步活塞将回位弹簧推回原位，三根摇臂又将彼此分离而独立工作。

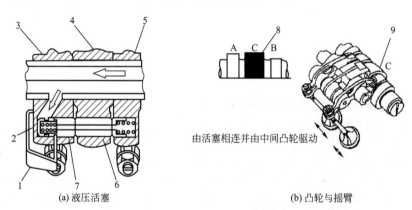

由活塞相连并由中间凸轮驱动

(a) 液压活塞   (b) 凸轮与摇臂

图1.86 高速状态工作情况

1—正时片；2—正时活塞；3—主摇臂；4—中间摇臂；
5—副摇臂；6—同步活塞B；7—同步活塞A；8，9—中间凸轮；A、B、C—凸轮

为了改善VTEC的性能，近年来本田推出了i-VTEC。简单地说，i-VTEC是在VTEC的基础上，添加一个与VVT-i原理、功用相同的VTC(可变气门正时连续调整控

制)装置，即一组进气门凸轮轴正时可变控制机构，通过 ECU 控制程序控制进气门的开闭，连续改变进气门的正时。当发动机低转速时令每缸中一个进气门关闭，使燃烧室内形成一道稀薄的混合气涡流，在火花塞周围点燃做功。发动机高转速时则在原有基础上提高进气门的开度及时间，以获取最大的充气量。VTC 使气门重叠时间更加精确，达到最佳的进、排气门重叠时间，并将发动机功率提高约 20%。由于发动机起动后 i－VTEC 就进入状态，不论转速高低，VTC 都在工作，消除了原来 VTEC 存在的缺陷。

4. ETCS

节气门的作用是控制进入发动机的空气流量，决定发动机的运行工况。ETCS 是一种柔性控制系统(x－By－Wire)，取消了传统节气门与加速踏板之间采用拉索或杠杆机构的直接机械连接，在 ECU 的控制下，通过节气门体上的电动机驱动节气门，可实现节气门开度的快速精确控制，使发动机在最适当的状态下工作，从而提高了汽车的动力性、安全性及舒适性，降低污染排放。目前，ETCS 被广泛地应用于汽车的怠速控制(ISC)、巡航控制(CCS)、驱动防滑控制(ASR)及车辆稳定性控制(VSC)等汽车动力控制系统中，为集中控制和简化结构提供了基础，逐渐成为标准配置。

1) ETCS 的结构组成

如图 1.87 所示，ETCS 主要由节气门体、加速踏板、加速踏板位置传感器、节气门位置传感器、节气门驱动装置及 ECU(绝大部分与发动机 ECU 集成为一体)等组成。

加速踏板位置传感器产生反应加速踏板下踏量大小和变化速率的电压信号并输入ECU，用于检测加速踏板的位置变化情况。节气门位置传感器用于将节气门的位置信息反馈给 ECU，该电压信号反映节气门开度大小和变化速率。

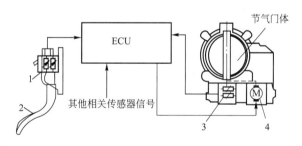

图 1.87　电子节气门控制系统

1—加速踏板位置传感器；2—加速踏板；3—节气门位置传感器；4—直流电动机

ETCS 通常采用双加速踏板位置传感器和节气门位置传感器实现双信号输出，传感器两两反接，可实现阻值的反向变化(两个传感器阻值变化量之和为零)。若对两个传感器施加相同的电压，两者输出的电压信号也会相应地反向变化，且其和始终等于供电电压，即两个传感器具有不同的输出特性。冗余设计的两个传感器可相互检测，当一个传感器发生故障时能及时被识别，增加了系统的可靠性程度，保证了行车安全性。

ECU 是整个系统的核心，由信息处理模块和电动机驱动电路模块两部分组成。信息处理模块接受来自加速踏板位置传感器及其他相关传感器的电压信号，经过处理后得到节气门的最佳开度，并把相应的电压信号发送到电动机驱动电路模块。电动机驱动电路模块接受来自信息处理模块的信号，控制电动机转动相应的角度，使节气门达到或保持相应的开度。电动机驱动电路应保证电动机能双向转动。

如图 1.88(a)所示，节气门体取消了传统节气门的旁通气道和怠速旁通阀，怠速空气流量通过节气门的小开度进行控制。节气门体上的回位弹簧可使节气门回转到一个微小的开度，以保证在系统失去作用后发动机仍有一个较高的转速。节气门驱动装置由执行电动机和机械传动机构组成如图 1.88(b)所示，其作用是按照 ECU 的指令动作，及时将节气门调整到适当开度。执行电动机一般选用步进电动机或直流电动机，经过两级齿轮减速来调节节气门开度。早期以使用步进电动机为主，步进电动机精度较高、能耗低、位置保持特性较好，但其高速性能较差，不能满足节气门较高的动态响应性能的要求。所以，现在比较多地采用直流电动机，控制单元通过调节脉宽调制信号的占空比来控制直流电动机转角的大小，电动机输出转矩和脉宽调制信号的占空比成正比，精度高、反应灵敏、便于伺服控制。

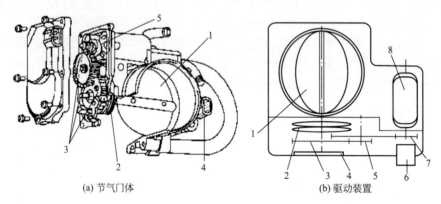

(a) 节气门体   (b) 驱动装置

图 1.88　ETCS

1—节气门；2—回位弹簧；3—减速齿轮；4—节气门位置传感器；
5—小齿轮；6—线束插座 ；7—驱动齿轮；8—驱动电动机

2）ETCS 的工作原理

驾驶员操纵加速踏板，加速踏板位置传感器产生相应的电压信号输入 ECU，ECU 根据当前的工作模式、踏板移动量及变化率解析驾驶员意图，计算出对发动机转矩的基本需求，得到相应的节气门转角的基本期望值。同时，ECU 还获取到发动机转速、自动变速器挡位、空调压缩机负载等其他各种传感器信号和 ASR、CCS 等其他控制系统的控制信号，由此计算出所需求的全部转矩，通过对节气门转角基本期望值进行修正，得到节气门的最佳开度参数，并把相应的电压信号发送到驱动电路模块，驱动控制电动机使节气门处于最佳的开度位置。节气门位置传感器随时监测节气门的位置并把节气门的开度信号反馈给 ECU，形成闭环反馈控制。

3）ETCS 的控制策略

（1）发动机转矩控制。

进行转矩控制时，首先根据发动机转速、负荷、点火提前角和其他系统的信号等综合测算出实际转矩需求值，然后将实际转矩与理论转矩进行对比，如果两者有偏差，ETCS将进行适当的调节，使实际转矩值和理论转矩值一致。

（2）自适应控制。

为保证系统良好运行，电子节气门必须执行初始化程序，以读取节气门的最大开启、关闭、无命令位置和运行时的变化位置，并在 EEPROM（带电可擦可编程只读存储器）中记下节气门初始化参数，以完成自适应控制记忆，以便再次工作时能准确控制节气门的实际开度。电子节气门在更换 ECU、断电、清洗或更换节气门总成、计算机远程升级编码等情况下，都需要进行初始化。

（3）工作模式选择控制。

电子节气门系统可根据不同行车需要，进行不同工作模式的选择控制，使节气门对加速踏板有不同的响应速度，通常有正常模式、动力模式和经济模式等。例如，在动力模式下，节气门加快对加速踏板的响应速度，发动机能提供额外的动力；在附着条件较差的工况下，则选择牵引力控制（防滑驱动）模式来控制，此时节气门对加速踏板的响应速度降低，发动机输出功率比正常情况下小，车轮不易打滑。

（4）海拔补偿。

在海拔较高的地区，因大气压下降、空气稀薄、空气氧含量下降等因素，会导致发动机输出动力严重下降。ETCS 可自行按照大气压力和海拔高度的函数关系，对节气门开度进行补偿控制，以保证发动机的输出动力和加速踏板位置保持稳定对应关系。

（5）控制功能扩展。

ETCS 作为发动机控制的一个功能模块，可通过增、减节气门开度来实现进气流量的调整，除了维持发动机正常运转所进行的控制以外，还可以完成与进气控制有关的 CCS、牵引力控制（驱动防滑转 ASR）、VSC 以及换挡缓冲控制等，实现信息共享和节气门开度的综合控制。

1.3.2　怠速控制系统

怠速是指节气门关闭，加速踏板完全松开，且发动机对外无功率输出并保持最低转速稳定运转的工况。在汽车使用中，发动机怠速运转的时间约占 30%，怠速转速的高低直接影响燃油消耗和污染排放。怠速转速过高，燃油消耗增加。怠速转速过低，当电器负荷增大（如打开空调或车载音响）、自动变速器挂入挡位、动力转向开启时，由于负荷增大，容易导致发动机运转不稳甚至熄火，另外，也会增加污染排放。

在怠速工况下，驾驶员无法控制发动机进气量。发动机怠速控制的目的是在保证发动机排放要求且运转稳定的前提下，由 ECU 自动控制怠速工况下的空气供给量，维持发动机以稳定怠速运转，以降低燃油消耗量，即实现对热机怠速工况进气量和空燃比的闭环反馈控制。在怠速工况时，空气通过节气门缝隙或旁通节气门的怠速空气道进入发动机，并由空气流量传感器（或进气歧管绝对压力传感器）对进气量进行检测，ECU 根据各传感器信号控制喷油器，保证发动机的怠速运转。随着电控技术在汽车上的广泛应用，怠速控制已成为发动机集中控制系统的基本控制内容之一。

1. 怠速控制系统的组成与分类

1）怠速控制系统的组成

如图 1.89 所示，怠速控制系统主要由传感器、ECU 和执行元件三部分组成。传感器的功用是检测发动机的运行工况和负载设备的工作状况，ECU 则根据各种传感器的输入信号确定一个怠速运转的目标转速，并与实际转速进行比较，根据比较结果控制执行元件工作，以调节进气量，使发动机的怠速转速达到所确定的目标转速。

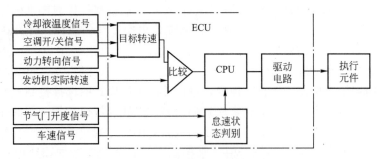

图1.89　怠速控制系统的组成

在怠速以外的其他工况下，若系统对发动机实施怠速控制，会与驾驶员通过加速踏板对进气量的调节发生干涉。因此，在怠速控制系统中，ECU需要根据节气门位置信号和车速信号确认怠速工况，只有在节气门全关、车速为零时，才进行怠速控制。

2）怠速控制系统的分类

怠速控制的实质就是对怠速工况下的进气量进行控制，而进气量实际上是指发动机的最小进气量。最小进气量有两种限制方式：节气门直动式和旁通空气式，如图1.90所示。

节气门直动式通过执行元件改变节气门的最小开度来控制怠速进气量，结构简单、控制稳定性好，但反应速度较慢、动态响应性差，由于进气量对节气门开度很敏感，热机怠速的稳定性也不如旁通空气式，目前主要应用在大众、奥迪等欧洲车系中。

旁通空气式怠速控制系统中，设有旁通节气门的怠速空气道，由执行元件控制流经怠速空气道的空气量，应用较广泛，按执行元件不同分为步进电动机型、旋转电磁阀型、占空比控制电磁阀型、开关型等。

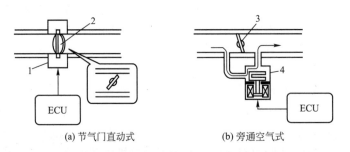

(a) 节气门直动式　　　　　　(b) 旁通空气式

图1.90　最小进气量的控制方法

1—节气门控制电动机；2、3—节气门；4—怠速空气控制阀

2. 节气门直动式怠速控制系统

节气门直动式实现怠速控制的结构形式较多，常见的一种如图1.91所示。从图中可以看出，怠速执行机构由直流电动机、减速齿轮、丝杠等部件组成。怠速执行的传动轴与节气门操纵臂的全闭限制器相接触。当ECU控制直流电动机通电时，直流电动机产生转矩，通过减速齿轮使转矩增大，通过丝杠变角位移为传动轴的直线运动，通过传动轴的旋入或旋出调节节气门处空气通路截面，实现怠速转速控制。

大众车系发动机电控系统没有怠速控制阀，多采用组合式节气门体，是另一种形式的

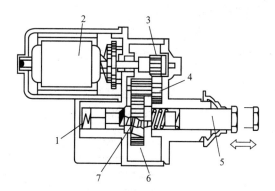

图1.91 节气门直动式怠速控制

1—弹簧；2—直流电动机；3、4、6—减速齿轮；5—传动轴；7—丝杠

节气门直动式怠速控制系统。例如，桑塔纳2000GSi汽车AJR发动机采用的节气门控制组件(J338)，它将节气门电位计(G69)、节气门定位电位计(G88)、怠速直流电动机(V60)、怠速开关(F60)及一套齿轮驱动机构合为一体。在节气门体上有一个双齿轮，由同轴的一个大齿轮和一个小齿轮组成。怠速直流电动机同轴的小齿轮与大齿轮啮合，扇形齿轮与节气门同轴并与双齿轮中的小齿轮啮合。

当发动机怠速运行时，F60的触点是闭合的，ECU通过此信号判断发动机处于怠速工况，而G88则向ECU提供怠速范围内节气门的位置情况，V60起控制怠速的作用。当发动机因冷却液温度低、空调运转、动力转向的加入等原因而使负荷增大、实际转速低于标准转速时，V60经一套齿轮机构(小齿轮、大齿轮和扇形齿轮)推动节气门打开一个微小的开度，增加发动机的进气量，提高发动机的转速。相反，发动机在怠速下负荷减小、实际转速高于标准转速时，电动机轴通过齿轮机构将节气门关闭一个微小的开度，减少发动机进气量，使发动机转速降低至接近标准转速，从而保证发动机在怠速工况下稳定运行。

由此可以看出，这种节气门控制组件是ETCS的雏形，与ETCS相比，只是对节气门开度的电子控制范围局限在发动机怠速工况，其他工况节气门开度的控制则还是通过节气门与加速踏板之间的直接机械连接来进行。

3. 旁通空气式怠速控制系统

如前所述，旁通空气式怠速控制系统的执行机构主要有步进电动机、旋转电磁阀、占空比控制电磁阀等。

1) 步进电动机型怠速控制阀

(1) 结构。

步进电动机型怠速控制阀的结构、控制电路如图1.92和图1.93所示，怠速控制阀安装在发动机进气总管上，发动机ECU根据各种传感器的信号依一定顺序使功率晶体管VT_1、VT_2、VT_3、VT_4适时导通，分别给步进电动机定子线圈供电，驱动步进电动机转子旋转，使前端的阀门移动，改变阀门与阀座之间的距离，调节旁通空气道的空气流量，使发动机怠速转速达到所要求的目标转速。当步进

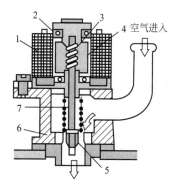

图1.92 步进电动机型怠速控制阀

1—电磁线圈；2—轴承；

3—进给丝杠；4—转子；

5—阀芯；6—阀座；7—阀轴

电动机的 B_1、B_2(12V 电源端)通电，控制单元将 VT_1、VT_2、VT_3、VT_4 依次接地，则步进电动机的转子顺时针转动，使阀芯缩短，进气量增大，急速降低；当控制单元将 VT_4、VT_3、VT_1 依次接地时，则步进电动机的转子逆时针转动，使阀芯增长，进气量减小，急速升高。

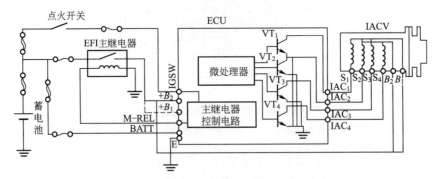

图 1.93　步进电动机型怠速控制阀控制电路

(2) 控制原理。

① 起动初始位置设定。为了改善发动机的起动性能，关闭点火开关使发动机熄火后，ECU 的 M-REL 端子向主继电器线圈供电延续约 2～3s。在这段时间内，蓄电池继续给 ECU 和步进电动机供电，ECU 使怠速控制阀回到起动初始(全开)位置。待步进电动机回到起动初始位置后，主继电器线圈断电，蓄电池停止给 ECU 和步进电动机供电，怠速控制阀保持全开不变，为下次起动做好准备。

② 起动控制。发动机起动时，由于怠速控制阀预先设定在全开位置，在起动期间经怠速空气道可供给最大的空气量，有利于发动机起动。如果怠速控制阀始终保持在全开位置，发动机起动后的怠速转速就会过高，所以在起动期间 ECU 根据冷却液温度的高低控制步进电动机，调节控制阀的开度，使之达到起动后暖机控制的最佳位置，此位置随冷却液温度的升高而减小，控制特性(步进电动机的步数与冷却液温度的关系曲线)存储在 ECU 内。

③ 暖机控制。暖机控制又称快怠速控制，在暖机过程中，ECU 根据冷却液温度信号按内存的控制特性控制怠速控制阀开度，随着温度上升，怠速控制阀开度逐渐减小。当冷却液温度达到 70℃ 时，暖机控制过程结束。

④ 怠速稳定控制。怠速稳定控制又称反馈控制。ECU 内有一个预先编程的目标转速，它根据空调开关、空挡起动开关等信号的变化而变化。怠速控制过程就是将目标转速和实际转速进行比较并使实际转速接近目标转速的过程。在发动机怠速运转时，ECU 将接收到的转速信号与确定的目标转速进行比较，其差值超过一定值(一般为 20r/min)时，ECU 将通过步进电动机控制怠速控制阀，调节怠速空气供给量，使发动机的实际转速与目标转速一致。

⑤ 负荷变化的预控制。发动机在怠速运转时，如变速器挡位、动力转向、空调工作状态的变化都将使发动机的负荷发生可以预见的变化。为了避免发动机怠速转速波动或熄火，在发动机负荷出现变化时，不待发动机转速变化，ECU 就会根据各负载设备开关信号通过步进电动机提前调节怠速控制阀的开度，增大进气量，提高发动机的怠速转速，保

持发动机怠速运转的稳定性。当这些负荷不再存在时，ECU又会减小怠速控制阀的开度，使发动机恢复加载前的转速。

⑥ 电器负载增多时的怠速控制。在怠速运转时，如使用的电器负荷增大到一定程度，蓄电池电压就会降低。为了保证电控系统正常的供电电压，ECU根据蓄电池电压调节怠速控制阀的开度，提高发动机的怠速转速，以提高发电机的输出功率。

⑦ 学习控制。在发动机使用过程中，由于磨损等原因会导致怠速控制阀的性能发生改变，怠速控制阀的位置相同时，但实际的怠速转速会与设定的目标转速略有不同。在此情况下，ECU在利用反馈控制使怠速转速回归到目标值的同时，还可将步进电动机转过的步数存储在ROM中，以便在此后的怠速控制过程中使用。

2）旋转电磁阀型怠速控制阀

旋转电磁阀型怠速控制阀的结构如图1.94所示。控制阀安装在阀轴的中部，阀轴的一端装有圆柱形永久磁铁，永久磁铁对应的圆周位置上装有位置相对的两个线圈。由ECU控制两个线圈的通、断电，改变两个线圈产生的磁场强度，两线圈产生的磁场与永久磁铁形成的磁场相互作用，即可改变控制阀的位置，从而调节怠速空气口的开度，以实现怠速空气量的控制。

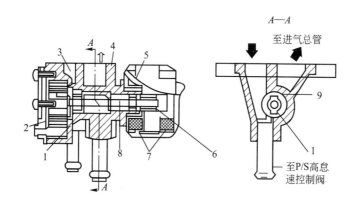

图1.94　旋转电磁阀型怠速控制阀

1—控制阀；2—双金属片；3—冷却液腔；4—阀体；
5、7—线圈；6—永久磁铁；8—阀轴；9—怠速空气口

旋转电磁阀型怠速控制阀的工作原理如图1.95所示，ECU控制旋转电磁阀型怠速控制阀工作时，控制阀的开度是通过控制两个线圈的平均通电时间即占空比（指脉冲信号的通电时间与通电周期之比）来实现的。通电周期一般是固定的，所以，延长通电时间占空比增大。当占空比为50%时，两线圈的平均通电时间相等，两者产生的磁场强度相同，电磁力相互抵消，阀轴不发生偏转。当占空比大于50%时，两个线圈的平均通电时间一个增加，而另一个减小，两者产生的磁场强度也不同，所以使阀轴偏转一定角度，控制阀开启怠速空气口。占空比越大，两个线圈产生的磁场强度相差越多，控制阀开度越大。因此，ECU通过控制脉冲信号的占空比即可改变控制阀开度，从而控制怠速时的空气量。控制阀从全闭位置到全开位置之间，旋转角度限定在90°以内，ECU控制的占空比调整范围为18%～82%。

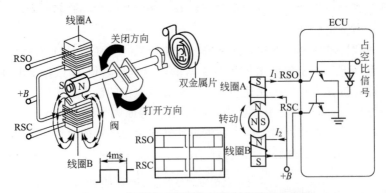

图1.95　旋转电磁阀型怠速控制阀的工作原理

图1.96为旋转电磁阀型怠速控制阀控制电路，旋转电磁阀控制旁通空气式怠速控制系统的控制内容主要包括起动控制、暖机控制、怠速稳定控制、怠速预测控制和学习控制，具体内容与步进电动机控制旁通空气式怠速控制系统基本相同。

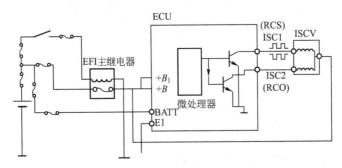

图1.96　旋转电磁阀型怠速控制阀控制电路

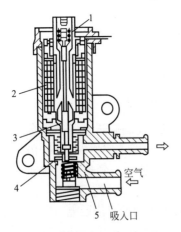

图1.97　占空比控制电磁阀型
怠速控制阀的结构

1、5—弹簧；2—线圈；
3—阀杆；4—控制阀

3）占空比控制电磁阀型怠速控制阀

占空比控制电磁阀型怠速控制阀的结构如图1.97所示，主要由控制阀、阀杆、线圈和弹簧等组成。控制阀与阀杆制成一体，当线圈通电时，线圈产生的电磁力将阀杆吸起，使控制阀打开。控制阀的开度取决于线圈产生的电磁力大小，与旋转电磁阀型怠速控制阀相同，ECU也是通过控制输入线圈脉冲信号的占空比来控制磁场强度，以调节控制阀的开度，从而实现对怠速空气量的控制。

占空比控制电磁阀型怠速控制阀的控制电路如图1.98所示。占空比控制电磁阀型怠速控制系统的控制内容包括起动控制、暖机控制、怠速稳定控制、怠速预测控制和学习控制等。

4）开关型怠速控制阀

开关型怠速控制阀的结构如图1.99所示，主要由线圈和控制阀组成。其工作原理与占空比控制电磁阀型类似，不同的是开关型怠速控制阀工作时，ECU只对阀内线圈通、断电两种状态进行控制，电磁线圈通电时，控制阀开启，线圈断电则控制阀关闭。

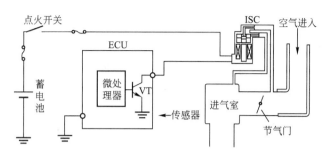

图1.98 占空比控制电磁阀型怠速控制阀的控制电路

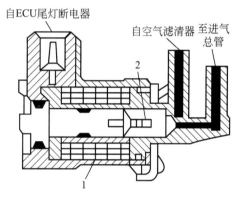

图1.99 开关型怠速控制阀的结构

1—线圈；2—控制阀

1.3.3 排放控制系统

汽油发动机排入大气中的有害成分主要是 CO、HC、NO_x 等。对汽车发动机排放的控制和净化，各国都进行了大量的研究工作，除了对发动机本身的改进之外，现代汽车采取了多种排放控制系统来减少汽车的排气污染，主要有燃油蒸发排放控制系统、废气再循环（EGR）控制系统、三元催化转换控制系统及二次空气喷射控制系统等。

1. 燃油蒸发排放控制系统

燃油蒸发排放控制系统又称为汽油蒸气控制回收系统，其功能是收集燃油箱内蒸发的燃油蒸气，并将燃油蒸气导入气缸参加燃烧，从而防止燃油蒸气直接排入大气而造成污染。

燃油蒸发排放控制系统的组成与结构随生产厂家和生产年代的不同而不同。早期的燃油蒸发排放控制系统多利用真空进行控制，而现在多采用发动机 ECU 进行控制。之所以有这样的变化，是因为必须对燃油蒸发进入发动机进气管的时机和进入量进行控制，以避免破坏发动机正常工作时的混合气成分，影响发动机正常工作，采用 ECU 进行控制能够实现燃油蒸发进入时机和进入量更加精确地控制。

利用真空进行控制的燃油蒸发排放控制系统的组成如图1.100所示。油箱盖上只有空气阀，而不设蒸气放出阀。炭罐与油箱之间设有排气管和单向阀，油箱内的燃油蒸气超过一定压力时，顶开单向阀经排气管进入炭罐，炭罐内的活性炭将燃油蒸气吸附在炭罐内。发动机工作时，炭罐内的燃油蒸气经定量排放孔、吸气管被吸入进气管。炭罐上端设有一个真空控制阀，真空控制阀为一膜片阀，膜片上方为真空室，控制阀用来控制定量排放孔的开闭。真空控制阀与进气管之间的真空管路中设有受 ECU 控制的电磁阀，用以调节真空控制阀上方真空室的真空度，改变真空控制阀的开度，从而控制吸入进气管的燃油蒸气量，以防止炭罐内的燃油蒸气被吸入进气管后使混合气变浓，炭罐下方设有进气滤芯并与大气相通，使部分清洁空气与炭罐内的燃油蒸气一起被吸入进气管。

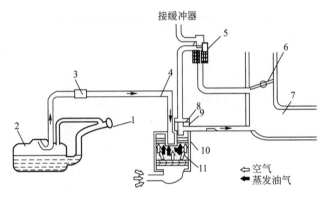

图 1.100　燃油蒸发排放控制系统的组成

1—油箱盖；2—油箱；3—单向阀；4—排气管；5—电磁阀；
6—节气门；7—进气门；8—真空阀；9—真空控制阀；10—定量排放孔；11—炭罐

　　桑塔纳 2000GSi 汽车 AJR 发动机采用的燃油蒸发排放控制系统的炭罐上不设真空控制阀，而是将受 ECU 控制的炭罐电磁阀直接装在炭罐与进气管之间的吸气管中，如图 1.101 所示。在炭罐电磁阀内设有电磁线圈，ECU 根据发动机的不同工况，改变输送给电磁线圈脉冲信号的占空比，从而改变炭罐电磁阀开度的大小。此外，炭罐电磁阀的开度同时受电磁阀两端压力差的影响。当发动机工作时，ECU 发出一定占空比的脉冲信号，使炭罐电磁阀周期性地开启和关闭。当炭罐电磁阀开启时，在发动机进气歧管与环境大气压力之间产生的负压作用下，储存在炭罐中的饱和燃油蒸气与新鲜空气形成再生气流，经过吸气管吸入燃烧室燃烧，从而避免燃油蒸气排入大气污染环境。

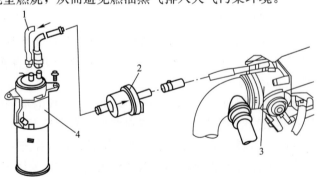

图 1.101　桑塔纳 2000GSi AJR 发动机炭罐及其电磁阀

1—油箱通风管；2—炭罐电磁阀；3—节气门体；4—炭罐

2. EGR 控制系统

NO$_x$ 是空气中的氮气与氧气在高温、高压条件下形成的。EGR 是指发动机废气的一部分再送回进气歧管，并与新鲜的混合气混合后一起进入气缸参加燃烧。由于废气中含有大量的 CO_2，而 CO_2 不能燃烧却吸收大量的热，使气缸中混合气的燃烧温度下降，从而减少 NO$_x$ 的排放量。目前，EGR 是减少 NO$_x$ 排放的主要方法。

在新鲜的混合气中掺入废气之后，混合气的热值降低，致使发动机的有效功率下降。为保证发动机正常工作和性能不受过多影响，做到既能减少 NO$_x$ 的排放，又能保持发动机的动力性，必须根据发动机工况的变化控制废气再循环量，即根据发动机的进气温度及负荷适当地控制进入进气歧管的废气量。NO$_x$ 的生成量随发动机负荷的增大而增多，因此，再循环的废气量也应随负荷而增加。当发动机冷却液温度较低或处于怠速及小负荷运转时，NO$_x$ 的生成量少，为了保持发动机运转的稳定性，不进行废气再循环；发动机已达到正常工作温度，而且处于大负荷运转工况时，NO$_x$ 的生成量较多，此时应引入废气，并随发动机负荷的增大相应地增加引入的废气量。在全负荷或高转速下工作时，为了使发动机有足够的动力性，也不进行废气再循环。

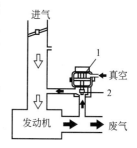

图 1.102 EGR 阀及其安装位置
1—膜片；2—EGR 阀

再循环的废气量由 EGR 阀自动控制。EGR 阀安装在废气再循环通道上，如图 1.102 所示，废气再循环通道的一端通排气门，另一端连接进气歧管。当 EGR 阀开启时，部分废气从排气门经废气再循环通道进入进气歧管，进行废气再循环。EGR 阀一旦关闭，废气再循环随即终止。

再循环的废气量用 EGR 率表示，其定义为再循环的废气量占整个进气量的百分比。一般机械式控制装置的 EGR 率较小（5％～15％），即使采用能进行比较复杂控制的机械式控制装置 EGR 也受到限制，并且控制装置繁多。电子控制式 EGR 控制系统，不仅结构简单，而且可实现较大 EGR 率（15％～20％）控制。电子控制式 EGR 控制系统的主要功能是选择 NO$_x$ 排放量多的发动机运转范围，进行适量的 EGR 控制。

1）普通电子控制式 EGR 控制系统

电子控制式 EGR 控制系统由 EGR 阀、EGR 控制电磁阀及相应的废气管道和真空管道组成，如图 1.103 所示。ECU 根据点火开关、曲轴位置传感器、节气门位置传感器和冷却液温度传感器等输入的信号，判定发动机运转工况，并对 EGR 控制电磁阀通、断电。当 ECU 对 EGR 控制电磁阀通电时，电磁阀开启，进气管的真空度经真空通道传送到 EGR 阀膜片室，使 EGR 阀开启，部分废气经废气再循环通道进入进气歧管。当 ECU 对 EGR 控制电磁阀断电时，电磁阀关闭，隔断了通向 EGR 阀膜片室的真空通道，EGR 阀关闭，不进行废气再循环。

当发动机处于以下工况时取消废气再循环：起动状态，发动机冷却液温度低于 50℃，节气门位置传感器怠速触点接通，发动机低速、小负荷运转（转速低于 1000r/min），发动机高速运转（转速高于 4500r/min），突然加速或减速工况。

EGR 控制电磁阀的结构如图 1.104 所示，主要由阀体、阀芯、弹簧和电磁线圈等组成。在 EGR 控制电磁阀的电磁线圈通电时，阀芯被弹簧顶紧，通大气阀口关闭，进气歧

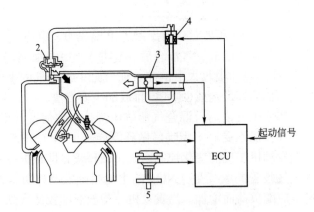

图 1.103　电子控制式 EGR 控制系统

1—冷却液温度传感器；2—EGR 阀；3—节气门位置传感器；4—EGR 控制电磁阀；5—曲轴位置传感器

管与 EGR 阀真空室相通；EGR 控制电磁阀的电磁线圈不通电时，阀芯在磁场力的作用下下移，真空通道被截断，而此时通大气阀口开启，EGR 阀真空室与大气相通。

　　EGR 阀的结构与工作情况，如图 1.105 所示。

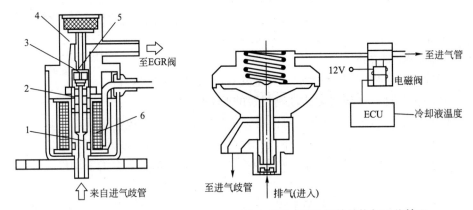

图 1.104　EGR 控制电磁阀的结构

1—真空通道；2—弹簧；3—阀芯；
4—阀体；5—通大气阀口；6—电磁线圈

图 1.105　EGR 阀的结构与工作情况

2) 可变 EGR 率废气再循环控制系统

　　可变 EGR 率废气再循环控制的工作原理是根据发动机台架试验确定的 EGR 率与发动机转速、进气量的对应关系，将有关数据存入发动机 ECU 的 ROM 中。发动机工作时，ECU 根据各种传感器送来的信号确定发动机在哪一种工况工作，经过查表和计算修正、输出适当的指令，控制电磁阀的开度，以调节废气再循环的 EGR 率。

　　可变 EGR 率废气再循环控制系统主要由 EGR 控制阀、VCM 真空控制阀、ECU 及各种传感器等组成，如图 1.106 所示。

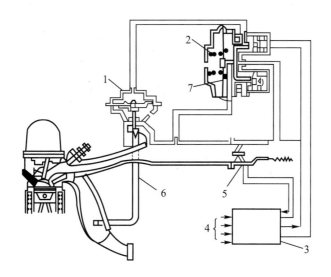

图 1.106 可变 EGR 率废气再循环控制系统

1—EGR 控制阀；2—VCM 真空控制阀；3—ECU；

4—传感器输入信号；5—节气门位置传感器；6—EGR 管路；7—定压室

EGR 控制阀内有一个膜片，膜片在弹簧及两侧气压的作用下可上下移动，膜片移动时可带动其下方的锥形阀同时移动，将阀门打开或关闭。当阀门打开时，EGR 控制阀将排气管和进气管连通，有废气从排气管中流入。此外，EGR 控制阀阀门的开启高度由 VCM 真空控制阀控制。

发动机工作时，ECU 向 VCM 真空电磁阀提供不同占空比的脉冲信号，通过控制 VCM 真空电磁阀的相对通电时间来控制 EGR 控制阀膜片室的真空度，进而改变 EGR 控制阀的开启开度，以此调节 EGR 率。脉冲电压信号的占空比越大，电磁线圈通电相对时间越长，膜片室的真空度越小，EGR 控制阀开启高度越小，进入气缸中的废气越少，EGR 率越低。因此，ECU 只要控制施加在 VCM 真空电磁阀电磁线圈上脉冲电压的占空比，即可实现对 EGR 率的控制。

3）闭环控制 EGR

上述两种形式的 EGR 控制系统均属开环控制，EGR 率只能预先设定，不能检测发动机各种工况下实际的 EGR 率。目前，在更为先进的 EGR 控制系统中广泛采用了闭环反馈控制式 EGR 控制系统，控制系统以 EGR 控制阀开度或 EGR 率作为反馈信号进行闭环控制。

（1）用 EGR 控制阀开度作为反馈信号。

与普通电子控制式 EGR 系统相比，在 EGR 控制阀上增加了一个用于检测其开启高度的 EGR 位置传感器，如图 1.107 所示。电位计式的 EGR 位置传感器可将 EGR 控制阀开启高度转换为相应的电压信号，并反馈给 ECU。ECU 根据反馈信号控制真空电磁阀的动作，进而调节 EGR 控制阀膜片室的真空度，以此改变 EGR 率。

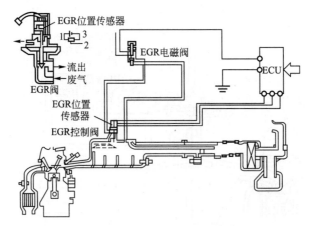

图 1.107　用 EGR 控制阀开度作为反馈信号的闭环控制系统

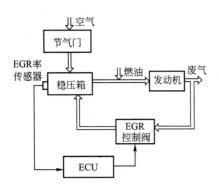

**图 1.108　用 EGR 率作为反馈
信号的闭环控制系统**

（2）用 EGR 率作为反馈信号。

直接用 EGR 率作为反馈信号的闭环控制系统，如图 1.108 所示。EGR 率传感器安装于稳压箱（进气总管）上，可利用测量混合气中的氧气浓度来检测混合气的 EGR 率，并将其检测信号反馈给 ECU，ECU 依据此信号发出控制指令，不断调整 EGR 控制阀的开启高度，以此控制混合气的 EGR 率，使其始终保持在最佳状态。

3. 三元催化转换控制系统

三元催化转换器安装在排气管中部消声器内，其功能是利用含有铂（Pt）、钯（Pd）、铑（Rh）等贵重金属的催化剂在 300～900℃ 的温度下将发动机排出废气中的 NO_x、HC、CO 有害气体转化为无害气体，从而实现对废气的净化，其化学反应过程如图 1.109 所示。

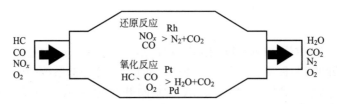

图 1.109　三元催化转换器的化学反应过程

1）三元催化转换器的结构

如图 1.110 所示，三元催化转换器一般由金属外壳、隔热减振衬垫、催化剂载体和催化剂组成。载体一般由陶瓷制造（也有金属的）而成，可分为颗粒形和蜂巢形两种类型，三元催化剂（铂或钯和铑的混合物）涂附在很薄的孔壁上。颗粒形将催化剂沉积在颗粒状氧化铝载体表面，蜂巢形将催化剂沉积在蜂巢状氧化铝载体表面。作为催化剂载体的氧化铝表面都有形状复杂的表面，以增大催化剂与废气的实际接触面积。废气通过时，三元催化转换器利用铂（或钯）作催化剂使尾气中的 CO、HC 氧化，同时又利用铑作催化剂使尾气中

的 NO_x 还原，生成 CO_2、H_2O、N_2 等无害气体。

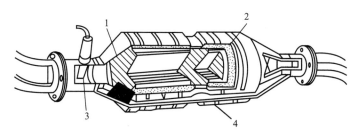

图 1.110 三元催化转换器的结构
1—载体（催化剂）；2—隔热减振衬垫；3—氧传感器；4—金属外壳

2）影响三元催化转换器转换效率的因素

三元催化转换器将有害气体转化成无害气体的效率受诸多因素的影响，其中影响最大的是混合气的浓度和排气温度。

催化剂的表面活性作用是利用排气本身的热量激发的，其使用温度范围以活化开始温度为下限，以过热引起催化转化器故障的极限温度为上限。一般排气中有害成分开始转化的温度需超过 250℃，发动机起动预热 5min 后，才能达到此下限温度。一旦活化开始，催化床便因反应放热而自动地保持高温。保持催化转化器高净化率、高使用寿命的理想运行条件的使用温度为 400～800℃，使用温度的上限为 1000℃。当发动机的排气温度达到 815℃ 以上时，三元催化转换器的转化效率将明显下降。为此有些发动机装有排气温度报警装置，当报警装置发出报警信号时，应停机熄火，查明排气温度过高的原因，进行故障排除。在使用中，排气温度过高一般是由于发动机长时间在大负荷工况下工作或因故障而导致燃油燃烧不完全所致。

三元催化转换器的转换效率与混合气浓度的关系曲线如图 1.111 所示。只有在理论空燃比 14.7：1 附近很窄的范围内，对废气中三种有害气体（CO、HC、NO_x）的转化效率均比较高。超出这个范围，就会出现或者 CO 和 HC 排放正常，而 NO_x 排放大幅度上升；或者 NO_x 排放正常，而 CO 和 HC 排放大幅度上升的情况。为将实际空燃比精确控制在标准的理论空燃比附近，装有三元催化转换器的汽车上，一般都装有用来检测废气中氧含量的氧传感器，氧传感器信号输送给 ECU 后，用来对空燃比进行反馈控制，即电控汽油喷射系统的闭环控制。

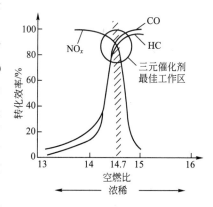

图 1.111 TWC 转换效率与混合气浓度的关系

电控燃油喷射系统的闭环控制原理如图 1.112 所示。在开环电控燃油喷射系统中，ECU 只是根据转速信号、进气量信号、冷却液温度信号等确定喷油量，以控制空燃比，但并不对实际控制的空燃比是否精确进行检测。在闭环电控燃油喷射系统中，氧传感器安装在三元催化转换器与发动机之间的排气管上，将检测到的废气中氧浓度信号输送给 ECU，ECU 根据此信号对喷油器的喷油量进行修正，使实际的空燃比更接近理论空燃比。

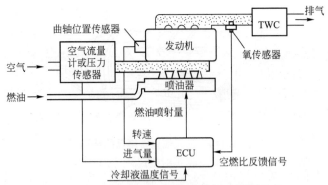

图 1.112 电控燃油喷射系统的闭环控制原理

在装有氧传感器的电控燃油喷射发动机上，电控燃油喷射系统并不是在所有工况下都进行闭环控制，在发动机起动工况、怠速工况、暖机工况、加速工况、全负荷工况、减速断油工况等时，发动机不可能以理论空燃比工作，仍采用开环控制方式。此外，氧传感器温度在 300℃ 以下、氧传感器或其电路发生故障时，也只能采用开环控制。电控燃油喷射系统进行开环控制还是进行闭环控制，由 ECU 根据相关输入信号确定。

4. 二次空气喷射控制系统

二次空气喷射控制系统是将一定量的新鲜空气经空气喷管喷入排气管或催化转化器中，使废气中的 CO 和 HC 进一步氧化或燃烧成为 CO_2 和 H_2O，以减少 CO 和 HC 的排放。为了区别发动机的正常进气，把这种将新鲜空气喷入排气管的过程称为二次空气喷射。二次空气喷射是最早使用的减少污染物排放的办法，在采用催化转化器以后，这一方法仍然采用。

二次空气喷射有两种方法：一种是空气泵系统，即利用空气泵将压缩空气导入排气系统；另一种是脉冲空气系统，即利用排气压力将空气导入排气系统。

1）空气泵系统

图 1.113 所示为电子控制空气泵二次空气喷射系统，由空气泵、旁通线圈及旁通阀、

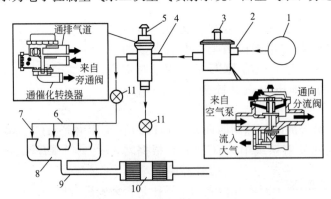

图 1.113 电子控制空气泵二次空气喷射系统

1—空气泵；2—旁通阀；3、5—真空管；4—分流阀；6—空气分配管；
7—空气喷管；8—排气歧管；9—排气管；10—催化转化器；11—单向阀

分流线圈及分流阀、空气分配管、空气喷管和单向阀等组成。空气泵通常由发动机驱动，空气泵产生的低压空气称为二次空气。在分流阀与排气道之间以及分流阀与催化转换器之间均装有单向止回阀，以防止废气进入二次空气喷射系统。分流线圈及旁通线圈由 ECU 控制，当接通发动机点火开关之后，电源电压便施加到两个线圈的绕组上，ECU 通过对每个绕组提供接地使线圈通电。

当发动机起动之后，ECU 不使旁通线圈和分流线圈通电，于是这两个线圈同时把通向旁通阀和分流阀的真空隔断，这时空气泵送出的空气经旁通阀进入大气。这种状态称为起动工作状态，其持续时间的长短取决于发动机的温度。如果发动机温度很低，起动工作状态将持续较长时间。

发动机在预热期间，ECU 同时使旁通线圈和分流线圈通电。这时进气管真空度分别经旁通线圈和分流线圈传送到旁通阀和分流阀。空气泵送出的空气此时经旁通阀流入分流阀，再由分流阀流入空气分配管，最后由空气喷管喷入排气道。

当发动机在正常的冷却液温度下工作时，ECU 只使旁通线圈通电而不使分流线圈通电，通向分流阀的真空度被分流线圈隔断。这时，空气泵送出的空气经旁通阀进入分流阀，再经分流阀进入催化转换器。

2）脉冲空气系统

同空气泵系统相比，脉冲空气系统不需动力源注入空气，而是依靠大气压与废气真空脉冲之间的压力差使空气进入排气歧管，因此，降低了成本及功率消耗。

脉冲空气系统的工作原理和结构，如图 1.114 和图 1.115 所示。空气来自空气滤清器，发动机 ECU 控制电磁阀的打开及关闭，电磁阀与单向阀相连。排气中压力是正负交替的脉冲压力波。当发动机以较低转速运转时，ECU 控制电磁阀打开，进气歧管真空吸起脉冲空气喷射阀的膜片使阀开启，此时由于排气压力为负，空气

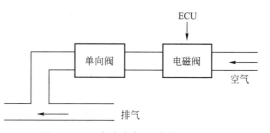

图 1.114 脉冲空气系统的工作原理

由滤清器通过脉冲空气喷射阀进入排气口，与排出的 HC 进一步燃烧，故可降低 HC 的排放量；当排气压力为正时，脉冲空气喷射阀内的单向阀关闭，所以空气不会反向流动而返回进气管。由此可见，脉冲式二次空气喷射系统在发动机转速较低时，降低 HC 排放的效果更好。

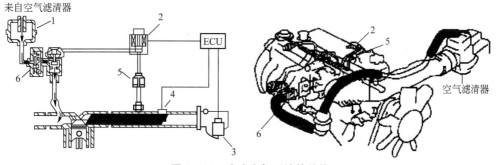

图 1.115 脉冲空气系统的结构

1—谐振室；2—电磁阀；3—空气流量传感器；4—节气门位置传感器；5—单向阀；6—脉冲空气喷射阀

1.3.4 故障自诊断系统

现代汽车每一个电子控制系统(特别是发动机电子控制系统),都配置有相应地故障自诊断子系统。顾名思义,故障自诊断就是电子控制系统监测自身的运行情况,自行及时地找出系统故障,并采取相应地控制措施。

1. 故障自诊断系统的组成

故障自诊断系统主要由传感器监测电路、执行器监测电路、软件程序、故障诊断通信接口(Trouble Diagnostic Communication Link,TDCL)以及各种故障指示灯等组成。

传感器与执行器监测电路一般与各种 ECU 设置在同一块印制电路板上,软件程序存储在各种 ECU 内部的专用存储器中。图 1.116 所示为典型的发动机冷却液温度传感器自诊断电路。

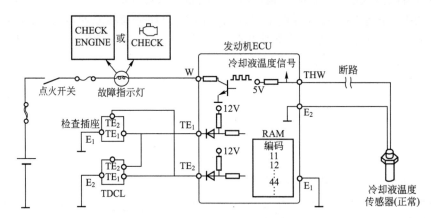

图 1.116 冷却液温度传感器自诊断电路

TDCL 通常称为故障诊断插座(简称诊断插座),一般安装在仪表盘下方,主要用于与专用的故障诊断仪相连接进行车外诊断。为了便于检修人员在发动机室盖开启状态下测试发动机电子控制系统有无故障,一般在发动机室内还设有一个故障检查插座,其功用与故障诊断插座相同。如果没有检查插座,检修人员必须进入驾驶室利用故障诊断插座进行诊断测试。

2. 故障自诊断系统的功能

在汽车运行过程中,各种 ECU 根据不同传感器和控制开关输入的信号依照预先设定的控制程序进行数学计算和逻辑判断,并向各种执行器发出相应的控制指令完成不同的控制功能。如果某只传感器或控制开关发生故障,就不能向 ECU 输送正常信号,汽车性能就会变差甚至无法运行。如果执行机构发生故障,那么其监测电路反馈给 ECU 的信号就会出现异常,汽车性能也会变差甚至无法运行。因此,只要接通点火开关,自诊断电路就会投入工作,实时监测各种传感器、控制开关和执行器的工作状态。一旦发现某只传感器或控制开关输入的信号异常,或执行机构监测电路反馈的信号异常,就会立即采取相应措施。

自诊断系统的功能包括三个方面:一是监测控制系统工作情况,一旦发现某只传感器或执行器参数异常,立即发出报警信号;二是将故障内容编成代码(称为故障码)存储在

RAM中，以便维修时调用或供设计参考；三是启用相应的后备功能（又称为"回家功能"），使控制系统在应急状态运行。

1）发出报警信号

在电子控制系统运转过程中，当某只传感器、控制开关或执行器发生故障时，ECU将立即接通仪表盘上的故障指示灯电路，使指示灯发亮或闪亮，提醒驾驶员控制系统出现故障，应立即检修。

各种电子控制系统的故障指示灯均用不同的图形符号或英文字母缩写设置在组合仪表盘上，如发动机电子控制系统的故障指示灯用发动机图形符号或字母"CHECK ENGINE（检查发动机）"表示，防抱死制动系统用字母"ABS"表示，安全气囊系统用字母"SRS"或"AIR BAG"表示等。

2）存储故障码

当自诊断系统发现某只传感器、控制开关或执行器发生故障时，其ECU会将监测到的故障内容以故障码的形式存储在RAM中。只要不切断存储器电源，故障码会一直保存在RAM中。即使汽车在运行中偶尔出现一次故障，自诊断电路也会及时检测并记录。自诊断系统电路中都设有一个专用的故障诊断插座，检修人员可以使用制造厂商提供的专用故障检测仪（或特定的操作方法），通过故障诊断插座将存储器中的故障码和有关参数读出，为查找故障部位、了解系统运行情况和改进控制系统设计提供依据。

3）启用后备功能

当自诊断系统发现某只传感器、控制开关或执行器发生故障时，ECU将起动失效保护程序，以存储器预先设定的程序和参数取代故障传感器、控制开关或执行器的工作，汽车将进入故障应急状态运行并维持基本的行驶能力，电子控制系统的这种功能称为后备功能或失效保护功能。下面以发动机电子控制系统中几种常见传感器出现故障时的后备功能为例加以说明。

（1）冷却液温度传感器电路断路或短路时，ECU按固定温度值控制喷油器喷油。当冷却液温度传感器工作正常时，冷却液温度一般设定在−30～＋120℃，其输出信号电压在0.3～4.7V范围内变化，如图1.117所示。当冷却液温度传感器电路发生短路或断路故障时，其输出的信号电压就会低于0.3V或高于4.7V，ECU接收到低于0.3V或高于4.7V的冷却液温度信号时，自诊断系统就会判定冷却液温度传感器及其电路有断路或短路故

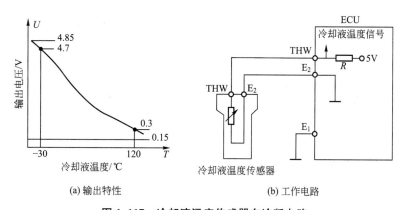

(a) 输出特性　　　　　　　(b) 工作电路

图1.117　冷却液温度传感器自诊断电路

障，并立即启用后备功能，按预先设置在存储器中的代用值(标准值)控制喷油器喷油。例如，桑塔纳2000GSi汽车的冷却液温度传感器或其电路发生断路故障时，ECU将按冷却液温度为80℃的工作状态控制喷油器喷油。

有些发动机则采用另外一种控制方式，如果发动机控制单元检测到冷却液温度信号不在以上范围时，自诊断系统启用失效保护程序，在发动机刚起动时用进气温度值代替冷却液温度值，然后每运转10s使冷却液温度值增加1℃，直到增加到90℃。

(2)当进气温度传感器或其电路断路或短路时，ECU将按进气温度为20℃的工作状态控制喷油器喷油。

(3)当空气流量传感器或歧管压力传感器电路断路或短路时，ECU根据节气门开度信号和发动机转速信号计算出当时进气量的近似值，用近似值代替空气流量传感器的输入值，使发动机维持运转。

(4)当节气门位置传感器电路断路或短路时，ECU将根据发动机转速信号和空气流量传感器信号计算出一个替代值来控制喷油器喷油。

(5)当大气压力传感器电路断路或短路时，ECU将按101kPa(1个标准大气压力)控制喷油器喷油。

(6)当氧传感器电路断路或短路、输出信号电压保持不变或每10s变化低于8次时，ECU将取消空燃比反馈控制，以开环控制方式控制喷油器喷油。

(7)当曲轴位置传感器和凸轮轴位置传感器中的一种传感器电路断路或短路时，则ECU根据另一种传感器信号控制喷油和点火，点火提前角根据工况不同按预先设定的固定值(起动和怠速工况一般为上止点前10°左右，其他工况一般为上止点前20°左右)进行控制，喷油量根据节气门位置传感器信号按预先设定的固定值控制喷油。对于多点燃油顺序喷射系统，喷油频率则由发动机每转两转顺序喷油一次改为每转一转同时喷油一次。

(8)当爆燃传感器出现故障时，无论是否产生爆燃，点火提前角都不能由爆燃控制系统控制，否则将导致发动机损坏。此时，后备功能将点火提前角固定在一个适当的值。

(9)当执行器(如喷油器、点火控制器、怠速控制阀等)出现故障时，有的故障能被ECU检测出来，有的则不能检测，具体情况依车型控制软硬件的设计而异。例如，当桑塔纳2000GSi汽车节气门控制组件内的怠速节气门电位计信号中断时，控制组件将利用应急弹簧将节气门拉开到规定开度，使怠速转速升高而进入应急状态运行。当丰田皇冠2JZ－GE发动机电子点火系统点火控制器出现故障时，ECU在连续3～5次得不到点火监控反馈信号后，则立即采取强制措施，向喷油器发出停止喷油的指令，使喷油器停止喷油，以防未燃混合气过多地进入排气系统的催化转换器中，造成其失效与损坏。

当然，后备功能启用时的代替值只能维持发动机运转，不能完全代替传感器的功能，此时的发动机性能会大大降低。某些车型的发动机自诊断系统还装有自动切断空调、音响等辅助电气系统的电路，以便减小发动机的工作负荷。所以，出现此类情况时，应尽快修复。

3. 第二代故障自诊断系统

自诊断系统自1979年美国通用汽车公司正式使用以来，经历了一个发展过程，随着电子控制技术的发展，自诊断系统日益复杂和完善。

从20世纪80年代开始，汽车上广泛采用的自诊断系统，按照美国标准称为第一代车载自诊断系统，或第一代随车自诊断系统(OBD-Ⅰ)。20世纪90年代初期，美国汽车工程师学会(SAE)提出了在全球的汽车制造厂生产的汽车上采用统一的故障自诊断系统的倡议，并在第一代车载诊断标准(主要是当时的通用汽车公司和福特汽车公司的随车故障自诊断系统标准)的基础上，制定了故障自诊断系统的工作方式、诊断插座、故障码、数据流等软硬件的统一标准 (OBD-Ⅱ标准)，如 SAE J1962、SAE J2012、SAE J1930 和 SAE J1978 等。采用这一标准的故障自诊断系统采用相同标准的诊断接口、相同的故障码以及共同的资料传输标准，被称为第二代车载故障自诊断系统(OBD-Ⅱ)。

与 OBD-Ⅰ相比，OBD-Ⅱ在保持以前诊断系统的基础上对电控装置的监测范围更广，并具有以下主要特点：采用统一形状的16端子诊断座，并安装在驾驶室仪表板下方；采用统一的故障代号及含义；具有数据传输与分析功能；具有行车记录功能；具有由仪器直接清除故障码的功能；具体介绍如下。

(1) 具有统一的16端子诊断插座。OBD-Ⅱ标准规定，各种车型的 OBD-Ⅱ应具有统一尺寸和16端子的诊断插座，如图1.118所示，标准对各个端子也做了相应的规定。

虽然世界各汽车制造厂生产的汽车电控装置的型号、功能各不相同，对 OBD-Ⅱ诊断插座中各端子的选用各不相同，但关键性的重要端子，如电源、接地等全都相同。所以，尽管它们的检测端子可能不同，但都可用微机故障检测仪的程序设计实现检测。

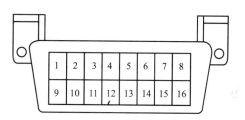

图1.118 OBD-Ⅱ诊断插座端子排列

(2) 具有统一的故障代号及含义。用微型计算机检测仪读取的 OBD-Ⅱ故障码由四部分组成，共五个字母和数字。

第一部分为一个英文字母，是检测系统的代码。其中，P 代表动力系统(发动机、自动变速器)；B 代表车身；C 代表底盘；U 未定义，备用。

第二部分为一个数字，表示诊断代码类型，四个数字代表了四个类型，0 表示美国汽车工程师学会(SAE)定义的通用诊断代码；1 表示汽车生产厂家自定义的(扩展)诊断代码；2、3 这两个数字 SAE 未定义。

在此需要指出的是，扩展故障码比通用故障码提供的故障信息更具体，诊断的针对性更强，用于表示通用故障码未涵盖的故障及 ABS、ASR 等发动机管理系统之外的故障，数据流也是如此。通用故障码及数据流用符合 OBD-Ⅱ 的通用故障检测仪即可读取，而扩展故障码要用厂家专用的故障检测仪才能读出。

第三部分为一个数字，是 SAE 定义的故障码，如表1.2所示。

表1.2 SAE 定义的故障码

代码	含 义	代码	含 义
0	整个系统故障	5	怠速控制系统故障
1、2	燃油和空气供给系统故障	6	ECU 或执行元件系统故障
3	点火系统故障或发动机间歇熄火	7、8	电控自动变速器控制系统故障
4	废气控制或二次空气喷射控制系统故障		

第四部分为两个数字的组合，是制造厂的原故障码。

例如，P0341，P 为测试系统类别中的动力系统；0 为 SAE 定义的通用诊断代码；3 为故障的系统识别中的点火系统故障；41 为企业具体故障码。1996 年以后，各种品牌电控汽车的 OBD-Ⅱ故障码含义是统一的。

（3）具有数据资料传输与分析功能。OBD-Ⅱ数据资料传输有两个标准，ISO-Ⅱ为欧洲统一标准，用 7 号、15 号端子。SAE 是美国统一标准，主要是一些故障自诊断系统使用通信的标准、故障测试模式标准及故障码标准，用 2 号、10 号端子。

4. 故障自诊断测试的内容

故障自诊断测试的内容主要包括读取与清除故障码、数据流分析、监控执行器和编程匹配等。

1）读取与清除故障码

读取与清除故障码是指利用故障检测仪或专用工具，将汽车电子控制系统各种 ECU 中存储的故障码读出或清除的测试过程。

汽车在使用过程中，只要蓄电池正极柱和负极柱上的电缆端子未曾拆下，ECU 中存储的故障码就能长期保存。将故障码从 ECU 中读出，即可知道故障部位或故障原因，为诊断排除故障提供依据。因此，读取故障码是对各种汽车电子控制系统进行自诊断测试的主要内容。

读取与清除故障码的方法有两种：一种是利用故障检测仪读取；另一种是利用特定的操作方法和操作顺序进行读取。汽车故障检测仪对故障码有比较详细的说明，如是历史性故障码还是当前的故障码，故障码出现几次。历史性故障码表示故障曾经出现过（如线路接触不良），现在已不出现，但在 ECU 中已经存储记忆。当前故障码表示最近出现的故障，通过出现的次数来确定此故障码是否经常出现。

清除故障码必须在汽车运行一段时间，并确认故障已经排除之后才能进行。确认故障是否排除时，非常关键的一步是根据使用手册或相关资料，查明出现故障代码的运行条件。如果运行条件不满足要求，故障可能仍然存在。

2）数据流分析

当发动机运转时，利用故障检测仪将车载 ECU 内部的控制参数和计算结果等数值以数据表和串行输出方式在检测仪屏幕上一一显示出来的过程，称为数据流分析，又称为数据传输、读取数据块。

数据流显示的数据主要包括氧传感器、发动机转速、喷油脉宽、空气流量、节气门开度、转速、蓄电池电压、点火提前角、冷却液温度、进气温度等信号参数。汽车电控系统传感器和执行器的工作参数具有一定的标准和范围，通过数据流分析，各种传感器输出信号电压的瞬时值、ECU 内部的计算与判断结果、各种执行器的控制信号都能一目了然地显示在检测仪屏幕上。根据发动机运转状态和传输数据的变化情况，即可判断控制系统工作是否正常，将特定工况下的传输数据与标准数据进行比较，就能准确判断故障类型和故障部位。

3）监控执行器

利用汽车检测仪对执行器（如喷油器、怠速电动机、继电器、电磁阀、冷却风扇电动机等）进行人工控制，向其发出强制驱动或强制停止指令来监测其动作情况，用以判定执行器及其控制电路的工作状况是否良好。例如，在发动机怠速状态下对怠速电动机进行动作测试时，可以控制其开度的大小，随着怠速电动机控制节气门（或旁通空气道）开度大小的变化，发动机怠速转速亦应相应地升高或降低，通过测试可判定怠速电动机及其控制线路是否正常。同理，可在发动机运转时对燃油泵继电器进行监控，当发出断开燃油泵继电器控制指令时，发动机应很快停止运转。

不同汽车检测仪所能支持的执行器动作测试项目不尽相同，有的支持测试项目多，有的支持测试项目少，主要取决于测试仪和汽车 ECU 的软件程序与匹配关系。

4）编程匹配

编程匹配又称为初始设定，是指电控系统工作参数发生变化或更换新的控制部件之后，利用汽车检测仪与电控系统的 ECU 进行数据通信，通过设定工作参数使系统或新换部件与控制系统匹配工作。编程匹配主要用于怠速设定、电子节气门设定、更换各种 ECU 后的编码设定、防盗功能设定、自动灯光设定、自动变速器维修后的设定等。随着汽车电控技术的发展和控制精度的提高，编程匹配工作越来越多，特别是大众系列汽车在更换新的控制部件之后，大都需要进行编程匹配。

1.4　汽油发动机集中控制系统

1.4.1　发动机集中控制技术概况

发动机集中控制技术（又称为集成控制、综合控制等）代表当今发动机乃至整车控制技术的发展趋势。

随着汽车控制技术的不断更新，高速公路体系的快速发展，环境、安全控制标准的不断强化以及车辆性能与要求的不断提高，几乎任何车载、车用配置的增添及性能的完善，均会对动力系统提出新的要求，使得发动机控制日益多样化与复杂化。

车辆发动机由多个单元（子系统）构成。从系统工程角度整体分析，各子系统控制变量的数量及变量控制变化范围是有限的，需要进行协调控制，才可能达到系统整体最优的目的。例如，电控点火、燃料供给及排放控制等系统的运行控制变量可为负荷、转速、喷油时刻、点火时刻及点火电压等，在某一时刻将上述某一控制变量相对于某一子系统而言控制到最佳状态，则相对于其他子系统而言，甚至相对于该系统的其他同步运行控制变量而言则并没有处于最佳，而是处于"次最佳"状态。随着汽车系统性能的提升和执行器的增加，由于各个子系统对同一变量的需求不同，采用高度并行的独立控制模式，不可避免地会出现控制功能相互影响甚至制约的矛盾。

电控汽油喷射控制系统即为典型的子系统独立并行控制模式。该模式使车辆系统有序化程度受到抑制，阻碍了汽车技术的发展。为了进一步提高车辆系统资源的利用效率，早在 20 世纪 90 年代，基于系统工程的理论与实践，已经提出了"车辆集中（集成）控制"概念，最早的集中（集成）控制即是在发动机控制系统中实现的。

发动机集中控制的基本原则：统一监督和协调各个子系统的运行，在高度集中控制的框架下，把功能强大的 CPU 作为控制中心，对发动机实施整体决策。

在此原则下，每一个子系统中具体事件的控制（如对转速变化引起的点火时刻修正控制等)均必须从整体角度进行考虑;反映发动机工作环境及其变化的信息进行集中处理,实现信息共享,互为冗余;所有机构与分系统均执行中央控制系统指令,协调形成所谓"从传感器到动力输出"的整体式链式运行系统,以达到对车辆性能的多元综合控制的要求。

1.4.2 发动机集中控制系统的组成

发动机集中控制系统的组成,如图1.119所示。发动机集中控制系统可分为信息传感系统模块、中央处理模块、网络数据总线三大基本功能模块。

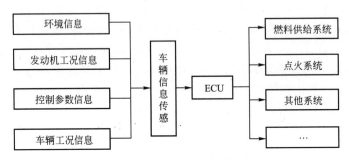

图1.119 发动机集中控制系统的组成

1. 信息传感系统模块

从总体上分析,汽车发动机信息传感模块的处理对象是反映人、车、环境组成的大系统状态及其变化信息。具体而言,即是检测发动机和车辆的环境、工况及驾驶员的操作意志等信息,并将这些信息发送给ECU用于识别发动机乃至整车所处的状况与环境,确认其人为的预期变化趋势。

现代汽车中,汽车发动机集中控制采用智能型多路传感系统代替了传统的独立式传感器。其特点在于传感系统中的各个传感器均采用自适应标准化界面、接口,通过CAN(控制器局域网络)总线实现通信A/D转换与数据传输,共享电源、信息处理软件及CPU。如此设计使得信息传感系统具有多变量数据采集、辅助信息附加输出、自我监控、预告性能及故障诊断等特点。

发动机集中控制系统信息传感系统模块,将监控的系统信息分成若干大类分别进行采集、传输与监控,具体如下。

环境信息:大气温度、压力与湿度、海拔高度等。

发动机工况:工作温度、负荷、转速、排放状态等。

发动机运行变量状态:工作循环、进/排气温度与压力、点火电压、点火时刻、发电机工作电压与电流、机油压力及辅助系统(如空调、三元催化及进气谐振等)运行状态。

车辆工况:车辆速度与功率、传动系统工况、制动/驱动系统工况、操纵系统工况及辅助系统工况等。

发动机集中控制联合传感系统由大量传感器组成,适时按类别检测上述信息,通过网络通信系统向ECU传递并存储。传感信息不再是仅为某个单独子系统或某个独立控制功能服务,而是为发动机乃至整车集中控制决策提供服务。

例如,ECU不仅依据点火系统的控制MAP,根据发动机的负荷和转速对点火时刻进行修正，而且利用综合信息系统提供的各类信息组成的信息流，在主控导向功能的前提下整体决策，确定相对于适时发动机（乃至车辆）整体的最佳点火时刻，且达到与 EFI、EGR、ABS/ASR/ESP、ECT、A-SUS(主动悬架)及 PAS(动力转向系统)等控制系统的匹配与协调，实现整车集中控制。

2. 中央处理模块

集成化 ECU 在集中控制的框架下对发动机实施整体决策。其预编程序 MAP 的形成方式、方法与传统控制系统有很大的区别。其中，最主要的区别是其采用更为先进的控制理论和算法建立数学模型，对台架与道路试验数据进行计算处理，形成的具有严格整体性质的预编程序 MAP，预存在 ECU 的 ROM 中，作为整体控制决策的理论基础参数。

为了体现控制的整体性，发动机集中控制 ECU 采用多种控制模式，包括分层控制、交叉控制、叠加控制及组合控制等新型模式。在现代车辆发动机上运用较为广泛的是分层控制与交叉控制模式，而在车辆底盘系统控制中其他几种控制模式均有较多使用。

1) 分层控制

分层控制是指将发动机的控制功能分为若干垂直层次，实施分层控制，如图 1.120 所示。

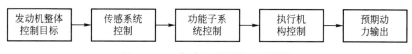

图 1.120　发动机分层控制的结构

第一层为发动机整体控制目标。例如，追求动力性或经济性，追求稳定或非稳定工况最佳等。

第二层为传感系统控制。由于联合传感系统提供的服务，该决策层获得信息的方式不再是检测，而是读取。例如，当发动机要求获得最大动力性时，需要读取 ECU 内存的信息作为控制依据。

发动机集中控制系统基本传感信号可为某项独立控制过程（如空燃比）专用，也可为某功能模块（如点火控制模块）专用，或者二者兼而有之，更有可能是为总系统控制而采集的信息。

第三层为功能子系统控制，即在由最高层确定的发动机总控制目标框架下，确定子系统的控制目标。例如，在追求发动机动力性的上层目标框架下，对点火系统、燃料供给系统和辅助系统目标的确定。

第四层为执行机构控制，即对喷油器、点火模块、怠速旁通通道等执行机构的指令控制。

第五层为预期动力输出。

每一低层控制均在高一层控制被适时定义后才可运行。其基本特性为上层系统和基层执行装置之间的控制指令与信息流是垂直连接的，形成从传感器到动力输出的链式运行结构。

2) 交叉控制

交叉控制是指在发动机控制总目标的框架下，子系统控制功能在时间与顺序上的交叉。

传统子系统单目标独立控制过程中，其他子系统也会发生随动性变化。例如，当点火时刻处于自身实现最佳的非稳定过程中，由于点火能量和点火正时变化的影响，可能导致燃烧状况发生变化，则闭环反馈信号将使空燃比和 EGR 控制系统运行，而两个系统控制运行结果又影响 EFI 系统的运行。

因此，集中控制 ECU/MAP 预存模式会在信息集成的基础上，视情况采用并行或独立方式对点火与燃料供给系统实施交叉控制，直至二者控制结果反映的、由点火时刻和空燃比共同保证的当前发动机主控性能要求（如转矩输出或抑制某种有害排放物）处于某种最佳状态，即可实现在新的状况下达到新的协调与平衡。

3. 网络数据总线

集中控制系统必须获得网络数据总线的支持，这是实施集中控制的必要条件。

1.4.3　发动机的集中控制方式

发动机系统集中控制的基本方式可以概括为利用集成效应采取的整体、开放式动态控制，且遵循自上而下的控制原则，即先整体再局部，先宏观再微观的原则。

汽油发动机集中控制系统的集成组合包括若干子系统的局部集成，基本结构如图 1.121 所示。

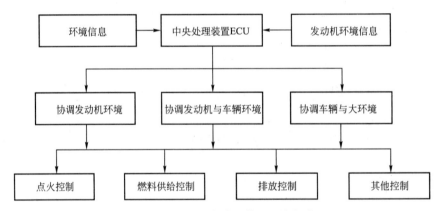

图 1.121　汽油发动机管理系统集成

1. 执行功能过程集成

执行功能过程集成具体内容包括空气供给、燃料供给、可燃混合气形成、点火燃烧、工作循环完成及辅助系统（如冷却、润滑及废气再循环等）过程的控制功能。该类控制属于传统工程中的"全分布"功能控制，功能的具体实现可采用现有成熟的基层独立执行系统。

2. 工作过程控制集成

从系统工程角度出发分析，发动机工作过程变化是指外界环境的变化在系统内部产生的响应。该响应通过各项工作变量的变化向外界反应。

在发动机工作过程中，传感系统监测各个方面信息，如环境、驾驶员操作期望、发动机/车辆适时工况、辅助系统工况和子系统工作参数适时变化等信息，对这些响应实施跟踪、集中及动态控制。例如，空燃比、点火时刻、排气成分和稳定与非稳定特殊工况控制等。

3. 发动机与环境协调性的外部集成

此处的环境是指发动机本身工作环境、发动机与车辆其他系统之间的环境影响以及车辆与外界大环境(包括自然、人文与社会环境)之间的协调。具体内容包括:

(1) 发动机动力、经济、排放性能以及稳定与非稳定工况之间的协调。

(2) 发动机与传动、操纵、安全和辅助等分系统之间的协调。

(3) 车辆与驾驶员、自然环境以及道路和交通环境之间的协调。

(4) 车辆本身需求与适时自然与社会环境之间的协调。

4. 中央处理系统的总体集成

中央处理系统总体集成功能的实现方式为任何一个底层具体功能的实现与过程控制,必须置于中央处理功能的跟踪、监控与协调下,实现"全集中"控制。

可见,发动机工作过程与环境协调的实质是在最底层具体执行功能控制和整体控制层之间增加一个监控中间层,其监控内容为子系统之间、子系统与总系统之间、车辆系统与大环境之间的协调性,实际上是形成介于"全集中"和"全分布"控制之间的中间层监控结构。

从最底层向上进一步分析发动机集中控制系统,可将其分层分析如下:

(1) 功能控制模块。

功能控制模块处于最底层的基本运行模块,即传统发动机各个机构,如曲柄连杆机构、配气机构、润滑、冷却、点火系统等,属于传统的机械、电器控制类型。

(2) 基本控制模块。

基本控制模块是高于功能控制模块的控制层,即采用电子控制技术对上述基本运行功能实行控制的模块,如点火系统控制、燃料喷射控制和排放控制等。

(3) 监控控制模块。

监控控制模块是高于基本控制模块的控制层,实现对基本控制模块进行协调、监控的模块。其功能是获得发动机乃至整车系统与环境的高度协调,即中间控制层。例如,发动机动力性与经济性的协调、发动机动力性/经济性与排放性的协调、发动机稳定与非稳定工况的协调、发动机动力系统与辅助装置的协调、发动机与底盘的协调以及车辆、环境和人之间的协调等。

(4) 最终控制模块。

最终控制模块是最高层次的中央处理模块,实现集中决策、适时监控与协调功能。针对该特性也可以将现代发动机集中控制系统称为现代发动机管理系统。

通过上述介绍可知,监控层次越高,所涉及集成功能越多,或者说,要求的协调越多。

5. 发动机集中控制系统的特点

(1) 简化车辆设计。集中控制系统的采用,使得车辆在设计过程即可采用系统工程结构体系。抽象化"管理"的内涵本身就包含着规范化和程序化,实现一致界面和一致性功能设置的概念。因此,在设计阶段即可采用分层模式实现模块化和分布化的规划与设计,从而简化设计过程,缩短设计周期,可以不断地、迅速地推出新车型实现高速更新换代。

这一点对于在汽车产业激烈的市场竞争中，提高企业的生存与发展能力是相当有利的。

（2）功能扩展方便迅速。现代发动机管理系统可以实现"即插即用（Plug - And - Play）"的功能扩展方式，称为系统可扩展性，即系统本身可轻易地扩展到更多层次的架构。任何环境、法规和先进技术与装置一旦出现，就可以采用规范化和程序化的一致界面将其"插接"在现有系统中，在不同的层次迅速形成新的控制功能。采用集中控制技术可使车辆产品随动于汽车技术日新月异的发展，并迅速实现产业化与商品化。

（3）系统可靠性强。发动机集中控制（管理）系统由于采用分层控制方式，并由高一层次进行故障诊断和工况监控，当某一层管理控制系统或部件失效时，其上下层即可直接沟通通信渠道，形成"越级"控制（管理），继续使系统受控运行，从而提高了系统的容错能力，也就提高了系统的可靠性。

（4）发动机集中控制（管理）系统必须在新的控制理论与模型及网络计算机控制技术的支持下运行，因此而增加了软件的复杂性。

可见，发动机集中控制的最大改变是在控制理论、方式及相应的软件方面。当前，新的综合控制理论与方法不断地成熟与完善，并在发动机乃至整车控制中应用日益广泛，体现出巨大的综合优势并代表了汽车技术的发展趋势。

习----题

1. 简述汽油相对压力调节器的作用与原理。
2. 简述氧化锆式氧传感器阶跃信号产生的机理。
3. 电控汽油喷射系统空燃比控制在哪些情况下处于开环控制状态？
4. 发动机起动后的汽油喷射量修正主要包括哪些内容？
5. 什么是点火提前角？点火过迟和点火过早分别对发动机有什么影响？
6. 简述电控点火系统基本点火提前角的确定依据及修正点火提前角的主要内容。
7. 简述汽油发动机废气涡轮增压系统的作用与原理。
8. 简述丰田智能可变气门正时系统的结构与工作原理。
9. 简述怠速控制系统的作用、分类及主要控制内容。
10. 简述汽油发动机废气再循环系统的作用、分类及原理。

第2章

燃油直喷汽油发动机管理系统

 本章教学目标

　　熟悉燃油直喷汽油发动机的优点；掌握燃油直喷汽油发动机的油路系统组成及工作原理；掌握燃油直喷汽油发动机的燃烧机理；掌握燃油直喷汽油发动机的尾气排放及处理措施等。

本章教学要点

知识要点	能力要求	相关知识
燃油直喷汽油发动机基础知识	了解燃油直喷汽油发动机的概念；理解几种工作模式下进气、喷油及做功等的工作原理	空燃比的概念；几种进气模式下的空燃比范围
燃油直喷汽油发动机燃油供给系统	了解燃油供给系统的基本要求；掌握燃油直喷汽油发动机燃油供给系统的基本组成及工作原理	普通汽油发动机燃油系统的功用及组成
燃油直喷汽油发动机排放控制系统	了解直喷汽油发动机排放控制系统的功用；掌握排放控制系统的组成、各主要部件的功用及工作原理	汽油机尾气排放物及产生机理；普通电控汽油发动机尾气处理措施等

2.1　燃油直喷汽油发动机概述

传统的汽油发动机是通过计算机采集转速、进气量、凸轮位置及各相关信号控制喷油器将汽油喷入进气歧管，汽油在进气歧管内开始混合，然后再进入到燃烧室中燃烧。空气与汽油的最佳混合比是 14.7∶1(理论空燃比)，由于喷油器离燃烧室有一定的距离，汽油与空气的混合受进气气流和气门开度的影响较大，部分微小的汽油颗粒会吸附在管道壁上，汽油与空气不能均匀混合，现实中理论空燃比很难达到，影响发动机的动力性和经济性，已成为传统发动机无法解决的一个问题。

解决这一难题，必须把燃油直接喷射到气缸中，从 2000 年开始各汽车厂商先后研制出了缸内直喷发动机或直喷式汽油发动机。直喷式汽油发动机采用类似于柴油发动机的供油技术，通过一个活塞泵提供所需的 100bar（1 bar＝10^5Pa）以上的压力，将汽油提供给位于气缸上部的喷油器。通过计算机控制喷油器将燃料在最恰当的时间直接注入燃烧室，通过对燃烧室内部形状的设计，使混合气能产生较强的涡流，使空气和汽油充分混合，保证了在顺利点火的情况下，根据不同的工况实现均匀燃烧和分层燃烧，从而降低燃油消耗，实现动力提升。

目前，各大汽车生产厂家都推出了自己的燃油直喷汽油发动机，其中最为成熟的是大众奥迪 FSI(Fuel Stratified Injection)和三菱 GDI(Gasoline Direct Injection)。无论是 FSI 还是 GDI，都借助柴油发动机节油的先天优势，来实现汽油发动机的优化，所以在结构与工作原理上大同小异，本章以大众奥迪燃油直喷汽油发动机为例介绍其工作原理。

2.2　燃油直喷汽油发动机进气系统

德国大众奥迪车系燃油直喷汽油发动机的进气工作模式通常有分层充气、均质稀混合气和均质混合气三种，三种模式的工作特性如图 2.1 所示。

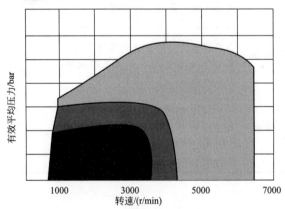

图 2.1　三种模式的工作特性

1. 分层充气模式

1) 进气过程

发动机小负荷工况时，采用分层充气模式，节气门打开，以减少节流损失。进气歧管翻板工作，封住各进气歧管的下进气道，使空气运动加速，如图 2.2 所示。此时气缸处于进气行程，被吸进来的空气以涡流形式通过上部的进气通道加速进入气缸，活塞顶部的特殊形状加剧了气流的涡流效果，如图 2.3 所示。

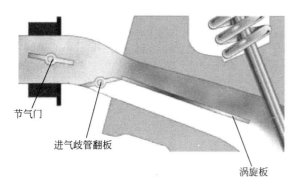

图 2.2　分层充气模式

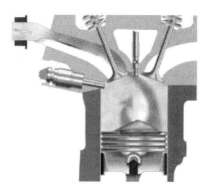

图 2.3　分层充气模式涡流效果

2) 喷油过程

如图 2.4 所示，当活塞处于压缩行程，约在上止点前 60°CA 处喷油开始，约上止点前 45°CA 处结束喷油，喷油器喷射的燃油被喷射到活塞的凹坑内。

喷油时刻对混合气体的形成有很大影响。在到达点火时刻之前的很短时间里，喷油器以 40～110bar 的压力向火花塞附近喷射燃油，燃油喷射角非常小，燃油雾气不与活塞顶部接触。

3) 混合气的形成过程

如图 2.5 所示，混合气的形成只发生在 40～50°CA 之间，如果曲轴转角小于这个范围，则无法点燃混合气；如果曲轴转角超出此范围，则混合气变为均质混合气了。此时过量空气系数 λ 为 1.6～3。

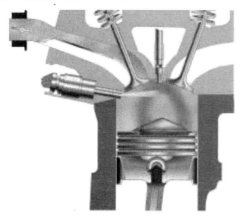

图 2.4　分层充气模式的喷油过程

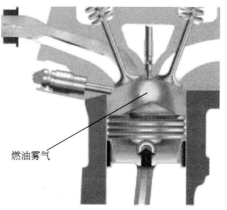

图 2.5　分层充气模式混合气的形成过程

4）燃烧做功过程

如图2.6所示，当混合气形成分层时，火花塞处混合气较浓，远离火花塞处的混合气较稀，火花塞点火，使混合好的气雾点燃做功。混合好的气雾周围的气体起到隔离作用，气缸壁热损耗小，发动机热效率提高。

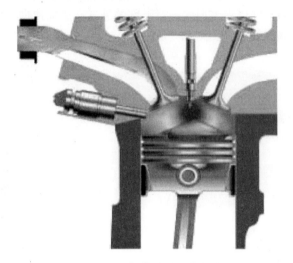

图2.6　分层充气模式的燃烧做功过程

2. 均质稀混合气模式

1）进气过程

发动机中等负荷，采用均质稀混合气模式。进气过程与分层充气模式相似，此时，节气门打开，进气歧管翻板关闭各进气歧管的下进气道，使空气加速运动，并呈旋转状进入气缸，如图2.7所示。

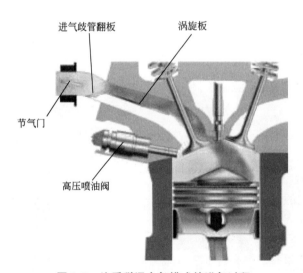

图2.7　均质稀混合气模式的进气过程

2）喷油过程

均质稀混合气模式的喷油始点在进气行程的开始，喷油在点火上止点前 300°CA 时喷入，控制过量空气系数 $\lambda \approx 1.55$。

3）混合气的形成

均质稀混合气模式的混合气形成有足够的时间，且混合均匀，易形成较稀的均质混合气。

4）点燃做功过程

对于均质稀混合气模式，点火时刻有较大的范围进行优化控制，可自由选择，燃烧发生在整个燃烧室内。

3. 均质混合气模式

1）进气过程

发动机大负荷工况时，采用均质混合气模式。发动机控制单元根据加速踏板位置传感器的信号来控制节气门打开，根据发动机的负载和转速来控制进气歧管翻板全开，打开进气歧管的下进气道，如图 2.8 所示。

图 2.8 均质混合气模式的进气过程

2）喷油过程

均质混合气模式的喷油时刻与均质稀混合气模式相同，即在点火上止点前 300°CA 时喷入燃油，如图 2.9 所示，但此模式的过量空气系数 $\lambda \approx 1$。

3）混合气的形成

均质混合气模式的混合气形成时间也较长，使混合气能充分混合，从而形成均质混合气。

4）点燃做功过程

对于均质混合气模式，点火时刻也有较大的范围，根据发动机的负荷、转速及其他传感器信号来进行精确控制，如图 2.10 所示。

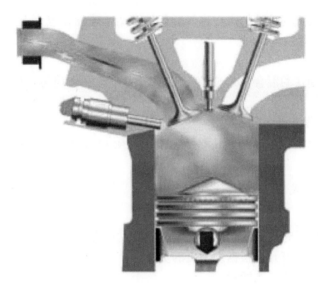

图 2.9　均质混合气模式的喷油过程

图 2.10　均质混合气体模式的点燃做功过程

2.3　燃油直喷汽油发动机燃油供给系统

1. 燃油直喷汽油发动机燃油供给系统的组成

燃油直喷汽油发动机的燃油供给系统主要由燃油箱、电动燃油泵、燃油滤清器、燃油低压传感器、高压燃油泵、燃油压力调节器、油轨、过压阀、高压喷油器(阀)以及燃油压力传感器等组成，如图 2.11 所示。

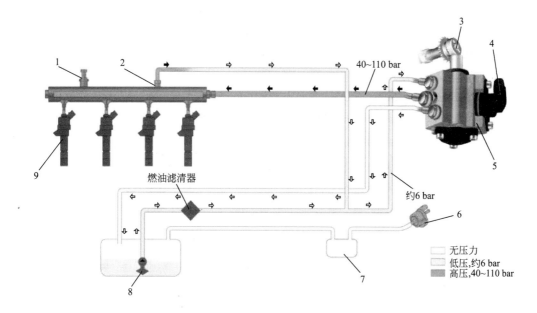

图2.11 燃油供给系统

1—燃油压力传感器（G247）；2—过压阀；3—双凸阀；4—燃油计量阀（N290）；
5—单活塞高压泵；6—活性炭罐电磁阀；7—活性炭罐；8—电动燃油泵（G6）；9—高压喷油阀

燃油直喷发动机系统可分为低压燃油系统和高压燃油系统。低压燃油系统是指电动燃油泵至高压燃油泵之间的油路系统。高压燃油系统是指高压燃油泵至高压喷油器之间的油路系统。

2. 燃油供给系统的工作过程

发动机控制单元(J220)根据系统各信号控制燃油泵控制单元(J538)，(J538)负责控制电动燃油泵(G6)工作，低压压力传感器(G410)监测低压系统压力，使低压油路内的油压达到6bar左右，冷热状态起动发动机时，低压燃油系统内的油压达到6.5bar。燃油经燃油滤清器流向高压燃油泵，高压燃油泵由驱动凸轮驱动，燃油压力调节阀(N276)根据发动机的负荷和转速，适时调整油轨内所需要的压力为40～110bar。燃油高压传感器(G247)监测高压系统压力，高压燃油通过分配管被输送到各缸的喷油器(N30～N33)内，高压油路内的限压阀在压力超过120～150bar时开启，燃油流回燃油箱，以保护高压部件。燃油轨道起缓冲器的作用，用来吸收高压燃油管内的压力波动。该燃油供给系统的工作原理如图2.12所示。

3. 高压燃油泵

1) 高压燃油泵的作用

高压燃油泵是将来自低压的燃油(6bar)加压至40～110bar，以供入油轨。其平均供油量是喷油器平均供油量的2倍左右。高压油泵由凸轮轴以机械方式驱动，如图2.13所示。高压油泵的压力缓冲器会吸收高压系统内的压力波动。

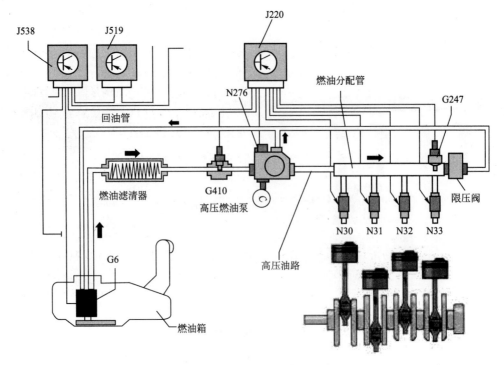

图 2.12 燃油供给系统的工作过程

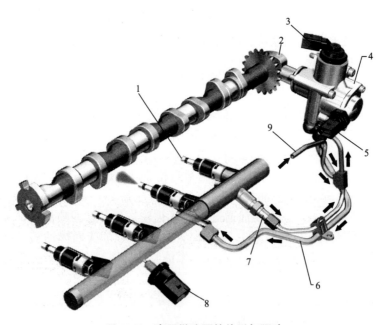

图 2.13 高压燃油泵的外形与驱动

1—喷油器；2—驱动凸轮；3—N276；4—高压燃油泵；

5—G410；6—高压油管；7—限压阀；8—G247；9—低压油管

2）高压燃油泵的结构

高压燃油泵采用活塞泵结构，由凸轮轴驱动。高压燃油泵由凸轮、柱塞、进油阀、出油阀、N276等组成，如图2.14所示。

3）高压燃油泵的工作过程

（1）进油过程。

当泵油活塞向下运动时，活塞上腔的容积不断增加，产生真空吸力，此时出油阀在弹簧力的作用下处于关闭状态，进油阀在低压油压的作用下被打开，燃油经进油阀进入泵腔，如图2.14所示。泵活塞向下运动过程中，泵腔内的燃油压力近似于低压系统内的压力。

（2）供油过程。

当泵油活塞向上运动时，活塞上腔的容积不断减少，燃油被压缩，泵腔内建立起油压，进油阀被关闭，当泵腔内的油压高于油轨内的油压时，出油阀开启，此时燃油被泵入高压油轨内，如图2.15所示。

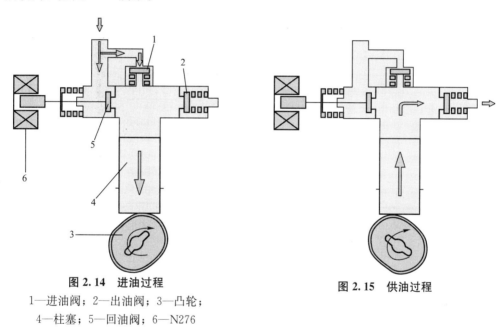

图2.14　进油过程　　　　　　　　　　　图2.15　供油过程

1—进油阀；2—出油阀；3—凸轮；
4—柱塞；5—回油阀；6—N276

（3）回油过程。

控制单元根据压力信号给N276发送指令使其吸合针阀，并克服针阀弹簧的作用力向左运动；同时泵活塞继续向上运动，泵腔内多余燃油被压回到低压系统，如图2.16所示。

4. 喷油器

目前燃油直喷汽油发动机喷油器的内部结构与传统喷油器相似。喷油器上六个精细的喷油孔，可以喷射出圆锥形的雾状燃油，这种结构可在节气门全开或在预热催化转化器阶段的二次喷射过程中，避免油束覆盖整个活塞顶部，可大大降低碳氢化合物的排放。

喷油器的驱动电压约为65V，发动机控制单元内集成有两个升压电容器，这两个电容器能将12V电压转换成50～90V用于喷油器针阀开启。喷油器针阀开启时需要高电压，随后针阀继续保持开启时，只需要加载12V电压。

（1）组成。

喷油器主要由电磁线圈、压力弹簧、针阀、阀座、供电插头等组成，如图2.17所示。

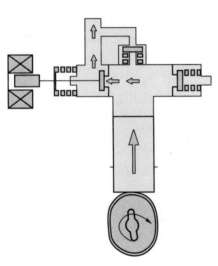

图 2.16　回油过程

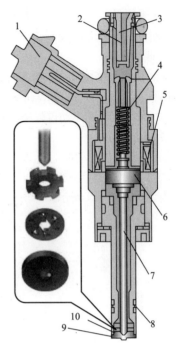

图 2.17　喷油器的组成

1—供电插头；2—细滤器；3—进油口；

4—压力弹簧；5—电磁线圈；6—衔铁；

7—喷嘴针阀；8—四氟乙烯密封圈；

9—喷油孔；10—阀座

（2）工作过程。

电磁线圈通电，产生的电磁力使铁心克服弹簧力而移动，与铁心一起的针阀被打开，燃油便从喷口喷出，喷油器将汽油直接喷入燃烧室；电磁线圈断电，其电磁力消失，铁心在弹簧力作用下迅速回位，针阀关闭，喷油器立即停止喷油。

5.燃油高压传感器（G247）

（1）结构及安装位置。

燃油高压传感器（G247）监控燃油系统高压部分的压力，并且把信号传给发动机控制单元。油轨内的压力保持恒定对减少排放、降低噪声和提高功率有重要影响。燃油压力在一个调节回路中进行调节，传感器的测量误差小于2%。传感器的核心是一个钢膜，在钢膜上有应变电阻，要测的压力经压力接口作用到钢膜的一侧，钢膜弯曲，从而引起应变电阻的阻值发生变化，分析电路将电信号处理放大后传递给控制单元，燃油高压传感器如图 2.18 所示。

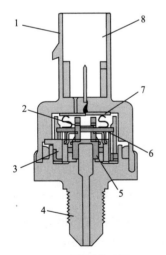

图 2.18　燃油高压传感器（G247）

1—壳体；2—集成的开关电路；

3—隔离块；4—压力接口；

5—传感器元件（应变电阻）；

6—印制电路板；7—接触片；

8—插头

（2）信号作用。

发动机控制单元根据 G247 信息调节燃油压力调节阀来控制油轨内的燃油压力。

（3）失效影响。

G247 失效后，燃油压力调节阀会在泵油行程通、断电，处于常开状态。此时整个系统压力降低至低压端的 6bar，发动机的输出转矩和功率都会大幅下降。

6. 燃油压力调节阀（N276）

燃油压力调节阀（N276）安装在高压燃油泵的侧面，如图 2.19 所示。

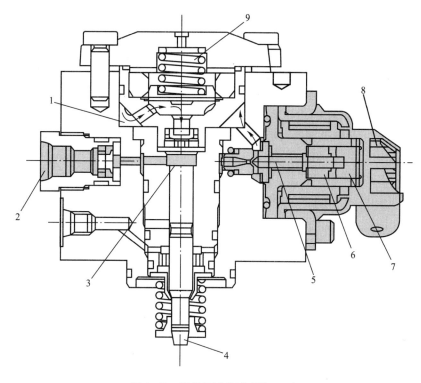

图 2.19　燃油压力调节阀（N276）

1—燃油入口；2—高压接口；3—泵腔；4—高压活塞；5—阀针；
6—线圈；7—衔铁；8—燃油调节阀 N276；9—压力缓冲器

作用：按需求控制进入油轨的油量。

失效影响：出于安全考虑，奥迪 2.0FSI 发动机燃油压力调节阀（N276）电磁阀不通电状态下，阀门处于常开状态，高压泵所供应的全部燃油经打开的阀门，全部泵回到低压管路中。

值得注意的是，有些直喷发动机燃油压力调节电磁阀不通电阀门处于关闭状态，也就是说，当这个阀失效的时候，燃油压力会一直上升，直到达到 120bar 时限压阀打开。发动机控制单元根据高压的情况匹配喷油器打开时间，同时发动机转速限定在 3000r/min。

2.4 燃油直喷汽油发动机排放控制系统

燃油直喷汽油发动机分层燃烧运行时具有很大的节油潜力,是降低燃油消耗的有效措施之一;同时还具有良好的瞬态特性和全负荷性能,但是要充分挖掘其节油潜力,在很大程度上还受到废气排放的制约。燃油直喷发动机在稀混合气体或分层充气模式工作时,发动机燃烧温度较高,使 NO_x 含量比传统发动机要高很多,而传统三元催化净化器无法对 NO_x 进行足够转换,因此燃油直喷发动机的排气净化问题最重要的问题是减少 NO_x 排放量。

燃油直喷发动机达到欧洲Ⅳ号排放标准所要求的 NO_x 转化净化率必须大于95%,才能达到进气道喷射的传统汽油发动机的 NO_x 排放水平。燃油直喷发动机 NO_x 的净化任务可分别由机内净化降低和机外排气后处理来分担。由于直喷式汽油机在分层稀燃时空气富余,因此机内净化为采用高 EGR 率降低 NO_x 排放,可使原始排气中的 NO_x 含量降低50%～70%,但为了达到废气排放标准,还必须在排气管附加一个 NO_x 后处理装置(机外处理)。

1. 燃油直喷发动机排气系统的组成

燃油直喷发动机排气系统主要由三元催化净化器、NO_x 存储式催化净化器、氧传感器、废气温度传感器、NO_x 传感器及其控制单元等组成,各部件分布在排气系统的位置,如图 2.20 所示。

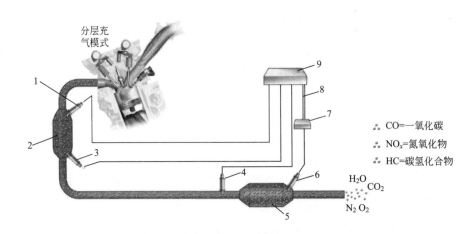

图 2.20 燃油直喷发动机排气系统的组成
1,3—氧传感器;2—发动机附近的三元催化净化器;4—温度传感器;
5—NO_x 存储式催化净化器;6—NO_x 传感器;7—控制单元;8—CAN 导线;9—发动机控制单元

2. 三元催化净化器

如图 2.21 所示,三元催化净化器是汽车排气系统中最重要的机外净化装置,三元催化净化器的载体部件是多孔陶瓷材料,载体上覆盖着一层铂、铑、钯等贵重金属,它可将汽车尾气排出的 CO、HC 和 NO$_x$ 等有害气体通过氧化和还原作用转变为无害的 CO$_2$、H$_2$ 和 N$_2$，三种有害气体都变成了无害气体。三元催化剂最低要在 250℃ 的时候起反应，温度过低时，转换效率急剧下降；而催化剂的活性温度（最佳的工作温度）是 400～800℃，过高也会使催化剂老化加剧。

如图 2.22 所示，虚线部分为未加三元催化净化器时，CO、HC 和 NO$_x$ 排放浓度与空燃比的关系。实线部分采用三元催化净化器后 CO、HC 和 NO$_x$ 与空燃比的关系。从图 2.22 中可看出采用三元催化净化器时只有在空燃比 14.7 计量比附近很窄范围内 HC、CO 和 NO$_x$ 排出浓度均较小，使三元催化净化器净化效率最高。

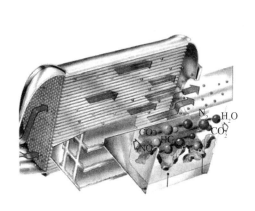

图 2.21　三元催化净化器

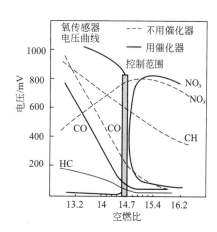

图 2.22　三元催化转换曲线图

3. 存储式 NO$_x$ 催化净化器

根据三元催化净化器的工作特性曲线可知，当空燃比增大时，三元催化净化器对 HC 和 CO 转化效率很高，而对 NO$_x$ 的转化效率却很低，只有很少一部分 NO$_x$ 转化为 N$_2$ 和 O$_2$。而直喷发动机在稀薄燃烧时又产生大量的 NO$_x$，为此需要采用专门的存储式 NO$_x$ 催化净化器来进行 NO$_x$ 的转化。

存储式 NO$_x$ 催化净化器与三元催化净化器的结构相当，均为细陶瓷蜂窝状结构。存储式 NO$_x$ 催化净化器的细陶瓷表面具有氧化钡薄涂层。当温度达到 250～500℃ 时，存储式 NO$_x$ 催化净化器可将氧化钡转化为硝酸盐存储起来。如果存储空气占满了，还可通过 NO$_x$ 传感器使发动机控制单元识别出这种情况，以切换到还原模式。

4. NO$_x$ 传感器

NO$_x$ 是可燃混合气在高温、高压下燃烧后的产物，是 NO 和 NO$_2$ 的总称。NO$_x$ 是在高温富氧的条件下生成的，当空气过量时，N$_2$ 与 O$_2$ 在电火花的作用下，生成 NO，而 NO 被空气中的 O$_2$ 氧化为 NO$_2$。燃烧过程排放的氮氧化物 95%（体积分数）以上是 NO，其余的是 NO$_2$。尾气中 NO$_x$ 的排放量取决于燃烧温度、时间和空燃比等因素。

1) NO$_x$ 传感器的工作原理

NO$_x$ 传感器安装在存储式 NO$_x$ 催化净化器的后部，以监测其 NO$_x$ 的存储量。NO$_x$ 传感器采用电池电动势原理检测 NO$_x$ 的浓度，其构造如图 2.23 所示。

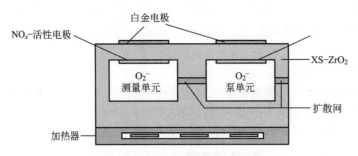

图 2.23　NO$_x$ 传感器的内部构造

在第一个泵单元内，氧成分被调成恒定(空燃比为 14.7∶1)，λ 通过泵工作电流来量取，废气流经扩散网到 O^{2-} 测量单元，该单元通过还原电极将氮氧化物分解成氧气和氮气，通过氧-泵电流可确定 NO$_x$ 的浓度。

（1）存储过程

当发动机在 λ>1 稀薄燃烧工况下工作时，废气中的存储的 NO$_x$ 催化净化器表面上白色涂层发生氧化反应，生产 NO$_2$。NO$_2$ 再与氧化钡(BaO)发生化学反应，生成硝酸盐 Ba(NO$_3$)$_2$，并存储在催化净化器中，存储过程一般需要 60～90s，如图 2.24 所示。

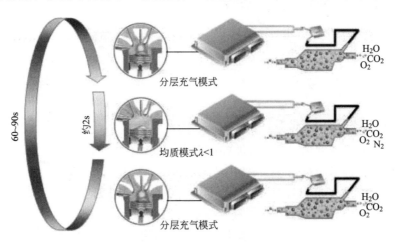

图 2.24　NO$_x$ 还原过程

如果催化净化器不能再存储氮氧化物，将启动再生模式(每 60～90s 进行一次)，发动机将从稀薄的分层充气燃烧模式转为均质混合气模式。在均质混合气模式下，尾气中的碳氢化合物和一氧化碳含量将会提高，在催化净化器内，氮氧化物的氧气与碳氢化合物和一氧化碳反应生成氮气和氧气。

（2）NO$_x$ 的还原。

当存储式 NO$_x$ 催化净化器中的 NO$_x$ 负载量已达到极限时，发动机控制系统使发动机短时间处于均质且 λ<1 模式工作。此时混合气体变浓，排放的废气温度升高，存储式 NO$_x$ 催化净化器温度也升高，此时所形成的硝酸盐变得不稳定，利用废气中的 CO 与 Ba(NO$_3$)$_2$ 发生还原反应，使硝酸盐分解，生成 BaO(氧化钡)并释放出 CO$_2$ 和 NO$_x$。在催化净化器中的铑，将 NO$_x$ 转化成 N$_2$，CO 转化为 CO$_2$，还原过程一般需要 2s，如图 2.24 所示。

　　NO_x 传感器监测到 NO_x 的负载量已达到微小量时，发动机又进行 $\lambda > 1$ 稀薄燃烧模式。

　　（3）硫的还原。

　　硫比氮氧化物具有更高的温度稳定性，硫在氮氧化物的还原过程中是不会分解的。硫也会占据空间，这会导致在较短的间隔时间内存储式 NO_x 催化净化器就会饱和，无法再存储氮氧化物了，一旦超过规定值，发动机管理系统就会从分层充气模式切换到均质混合气模式工作，两个缸以浓混合气体工作，两个缸以稀薄混合气体工作，在排气管中，两种不同的气体混合在一起，并且发生后燃。通过这种方法，可以将存储式 NO_x 催化净化器的温度提高到 650℃ 以上，硫将反应生成二氧化硫，脱硫大约需要 2min，如图 2.25 所示。如果燃油中含硫较少，那么除去硫的时间间隔较长，如果燃油含硫多，就会经常进行这种还原反应。在大负荷、高转速行车时会自动去硫。

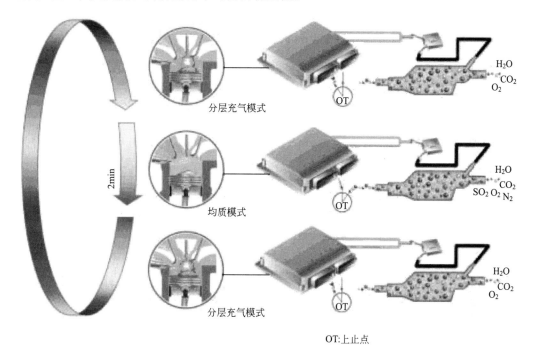

OT:上止点

图 2.25　硫的还原过程

　　2）NO_x 传感器的位置、功用、功能

　　（1）NO_x 传感器控制单元。

　　NO_x 传感器控制单元常安装于汽车底板外部，在 NO_x 传感器附近对传感器信号进行预加工，然后将该信息经 CAN 总线传至发动机控制单元，发动机控制单元通过这个信息来识别所存储的氮氧化物的饱和程度，以便执行还原过程。

　　（2）NO_x 传感器的功用。

　　NO_x 传感器被直接安装在存储式 NO_x 催化净化器的后面，它确定废气中氮氧化物和氧气的残留量，并把此信号传送给 NO_x 传感器控制单元。

　　（3）NO_x 传感器的功能。

　　① 识别和检查催化净化器的功能是否正常。

② 识别和检查催化净化器前端宽域氧传感器调节点是否正常或是否需要修正。

③ 检测 NO_x 传感器产生的信号是否被传送至 NO_x 传感器控制单元。

④ NO_x 传感器检测到存储式 NO_x 催化净化器的存储空间达到饱和时，就会启动一个氮氧化物再生周期，即提供给 ECU 信号，使发动机在短时间内生成更浓的混合气，使排气温度升高，转化器钡涂层便开始释放氮氧化物，氮氧化物随之被转化为无害氮气。

⑤ 失灵时的影响：如果 NO_x 传感器信号发生故障，发动机只能在均质混合气模式中运行。

5. 废气温度传感器

1）作用

废气温度传感器的作用为切换到分层充气模式，监测废气温度。存储式 NO_x 催化净化器只有在温度达到 $250\sim500℃$ 时才能存储 NO_x，给催化净化器脱硫在催化净化器温度超过 $650℃$ 时才能发生。

2）安装位置

废气温度传感器安装在三元催化净化器与存储式 NO_x 催化净化器之间。它不仅总是处于高温和具有腐蚀性的排放气体中，而且要反复承受从低温区怠速起动到满负荷高温条件下的极大的温度变化，承受发动机与车身的振动，并要具有防水性以及对路面飞石的防护性等。

3）结构

废气温度传感器的外形及结构如图 2.26 所示。这种传感器的测温部分装有热敏元件，当温度升高时，热敏电阻的电阻值上升；反之，电阻值下降，即正温度系数。

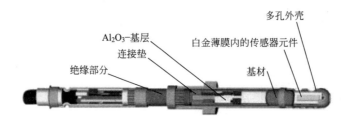

图 2.26　废气温度传感器

4）检测

当废气温度传感器发生断路或短路故障，三元催化净化器出现异常高温时，将不能起动报警电路进行报警，这会导致催化转化器因高温而损坏，汽车的尾气排放物严重超标。因催化净化器损坏，排气管部分发生堵塞，排气不畅，还会使发动机工作不稳定。具体检测内容如下。

（1）就车检测。

就车检测时，首先应使三元催化净化器处于暖机状态，温度为 $400℃$，随后使用万用表测量其电阻值，正常时应为 $0.42k\Omega$ 以上，信号电压为 2V。

（2）单件检测。

从车上拆下废气温度传感器，把传感器前端 40mm 处置于火焰上加热，并于加热状态测定其电阻值，正常值应为 $200\sim600k\Omega$。

 习 - - - 题

1. 简述分层充气模式、均质稀混合气模式和均质混合气模式的特点。

2. 简述燃油直喷汽油发动机燃油供给系统的组成。

3. 简述燃油直喷汽油发动机排放系统的组成。

4. 简述 NO_x 传感器的工作原理。

5. 绘制简图说明高压燃油泵的工作过程。

6. 试比较燃油直喷汽油发动机和普通电控汽油发动机燃油供给系统的相同点和不同点。

第**3**章
电控柴油发动机管理系统

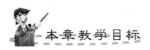 **本章教学目标**

掌握电控柴油发动机的基本结构、构造原理；掌握电控柴油发动机的分类、组成及工作原理；掌握电控柴油发动机辅助控制系统的组成、结构及工作原理等。

本章教学要点

知识要点	能力要求	相关知识
电控柴油发动机的基本知识	柴油发动机与汽油发动机的相同点及不同点；电控柴油发动机的几种分类方式；电控柴油发动机的应用前景及关键技术	柴油发动机的构造；柴油发动机的工作机理
电控柴油发动机-共轨式喷油系统	共轨式喷油系统的组成、高压泵的工作原理；喷油器的工作原理；电控系统信号的输入及输出	燃油直接喷射式汽油发动机油路系统组成；与共轨式柴油发动机的区别
电控柴油发动机-泵管嘴式喷油系统	泵管嘴式喷油系统的组成；关键部件的工作原理；电控系统信号输入及输出	柴油发动机柱塞泵及分配式喷油泵的结构、原理
电控柴油发动机-泵喷嘴喷油系统	泵喷嘴喷油系统的组成；喷油器的结构原理；电控系统信号的输入及输出	压电效应及压电式喷油器的结构
电控柴油发动机辅助控制系统	柴油发动机的增压技术；柴油发动机的尾气排放及处理；柴油发动机的预热装置	柴油发动机的增压技术；柴油发动机的尾气排放及处理

3.1 共轨式喷油系统的结构原理

电控共轨式喷油技术于 20 世纪 90 年代中期开始推向市场。它摒弃了以往传统使用的泵管嘴脉动供油的形式，而是用一个高压油泵在柴油发动机的驱动下，以一定的速率连续将高压燃油输送到共轨内，高压燃油再由共轨送入各个喷油器。在这里，高压油泵并不直接控制喷油量，而仅仅是向共轨供油以维持所需的共轨压力，并通过连续调节共轨压力来控制喷射压力。采用压力-时间式燃油计量原理，用高速电磁阀控制喷射过程。喷射压力、喷油量及喷油定时由 ECU 灵活控制。

目前国外已经开发出许多共轨喷油系统，其中比较典型的有美国 BKM 公司的 Servojet 系统、Caterpiller 公司的 HEUI 系统、日本电装公司的 ECD-U2 系统和德国 BOSCH 公司的高压共轨式喷油系统。本章以德国 BOSCH 公司的高压共轨式喷油系统为例来详细讲述其结构原理。

德国 BOSCH 公司的高压共轨式喷油系统主要由高压泵、燃油滤清器、燃油泵、高压喷油器、高压传感器、限压阀、油管等组成，如图 3.1 和图 3.2 所示。

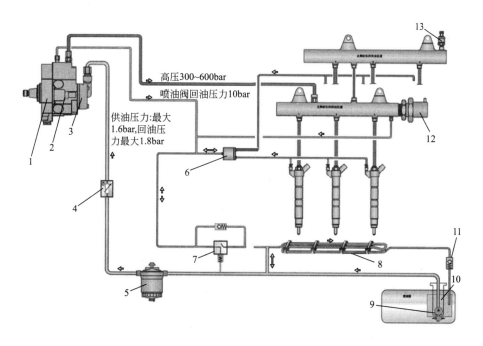

图 3.1 BOSCH 公司的高压共轨式喷油系统的组成（一）

1—高压泵；2—燃油计量阀；3—机械式燃油泵；4—油温传感器；
5—燃油滤清器；6—压力保持阀；7—双金属预热阀；8—燃油冷却器；9—燃油泵；
10—背压腔；11—机械式撞车阀；12—限压阀；13—高压传感器

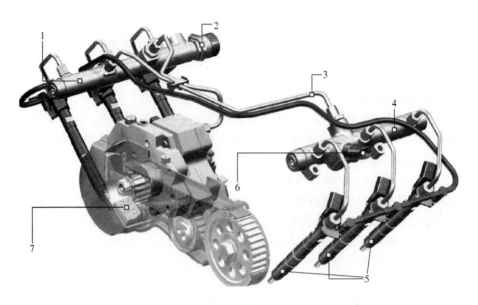

图 3.2　BOSCH 公司的高压共轨式喷油系统的组成（二）

1—右侧缸盖轨道元件；2—压力调整阀 N276；3—轨道间的分配器；
4—左侧缸盖轨道元件；5—喷嘴；6—轨道压力传感器；7—高压泵

1. 高压泵

1）结构

高压泵的内部结构如图 3.3 所示。

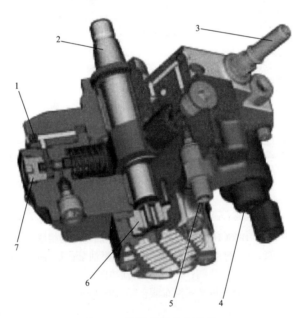

图 3.3　高压泵的内部结构

1—进油阀；2—铜心轴；3—来自油箱；
4—燃油调整单元（N290）；5—高压接头；6—齿轮泵；7—高压活塞

采用双调节系统调节燃油压力，发动机处于冷态时，在怠速范围内燃油压力调节器（N276）调节燃油压力。发动机处于热态时，通过燃油调节单元（N290）将燃油输送到燃油调节系统，防止燃油受到不必要的加热。

共轨内的燃油压力达200bar或更高，发动机控制单元触发喷油器开始喷油。只要共轨腔内燃油压力降到130bar以下。发动机控制单元即中断喷油。

2）工作过程

如图3.4所示，初级输油泵把柴油输送到二级油泵后，经二级油泵进一步提高压力至7bar左右，然后进入燃油压力调节阀处，发动机计算机根据发动机运行工况通过脉冲宽度调制（PWM）信号（占空比信号）对燃油压力调节器进行调节，当燃油压力调节阀内调节活塞向左移动时，二级油泵内的燃油通过燃油压力调节阀和进油阀进入泵腔，泵腔内的燃油受到压缩后顶开出油阀进入燃油共轨，共轨内的压力大小主要靠进入泵腔内的燃油多少调节，进入泵腔内的燃油越多，进入共轨腔内的燃油就越多，由于共轨体积不变，所以共轨内的压力随进入泵腔内的燃油多少而变化。共轨腔内压力变化范围为150～1800bar。

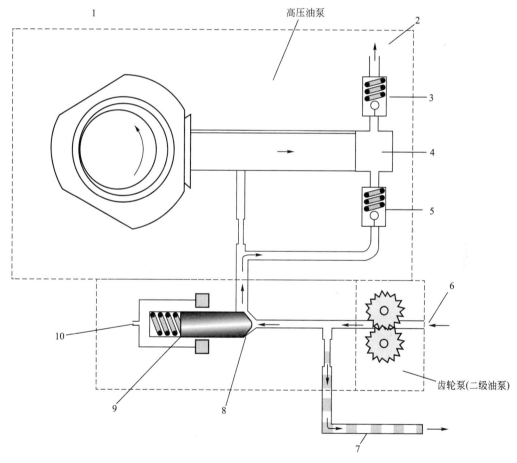

图3.4 高压泵工作过程

1—驱动轴；2—高压油出口；3—出油阀；4—泵腔；5—进油阀；
6—进油口；7—回油口；8—燃油压力调节阀；9—调节活塞；10—PWM信号

2. 齿轮泵

齿轮泵由齿形传动带通过偏心轴驱动,作用是将燃油从燃油箱输送至高压泵。

齿轮泵的工作过程如图 3.5 所示,两齿轮按各自的方向旋转,此时进油腔的体积变大,起到吸油的作用,而出油腔的体积变小,起到压油的作用,当油压大于一定压力时,顶开出油阀。

3. 喷油器

目前在共轨柴油发动机上的喷油器主要有两种:压电式喷油器和电磁阀式喷油器,如图 3.6 所示。

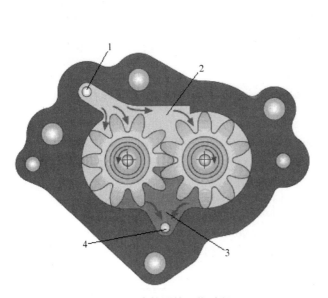

图 3.5　齿轮泵的工作过程

1—进油口;2—进油腔;3—出油腔;4—出油口

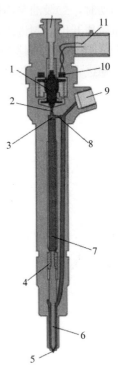

图 3.6　电磁阀式喷油器
的内部结构

1—电磁阀芯;2—节流孔;3—阀芯控制腔;

4—针阀弹簧;5—喷嘴;6—针阀;

7—阀芯;8—节流孔;9—进油口;

10—线圈;11—喷油器插件

1)电磁阀式喷油器的特点

优点:成本较低,技术趋于成熟,便于和柴油发动机匹配,应用广泛。

缺点:响应速度慢,不能实现多次预喷和后喷。

2)电磁阀式喷油器的工作过程

(1)如图 3.7 所示,当电磁线圈无电流通过时,高压燃油经进油口进入喷油器的控制腔和下端针阀处,此时上下两处的燃油压强相同,而由于阀门调节杆上方有效截面积比针阀处的有效截面积大，所以阀门调节杆受到合力的方向向下，针阀紧压在阀座上，喷油器停止喷油。

（2）如图 3.8 所示，当发动机控制单元给电磁线圈供电时，衔铁上移，控制腔上端节流孔打开，控制腔压力变小，针阀控制杆受到合力的方向向上，针阀控制杆向上运动，针阀开启，高压燃油喷入气缸，完成燃油喷射过程，喷射时间根据 ECU 给电磁线圈的通电时间而定，通电时间越长，则针阀打开的时间越长，喷入气缸内的燃油就越多。

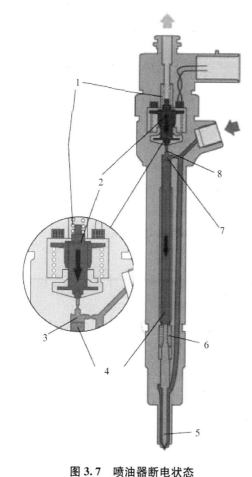

图 3.7　喷油器断电状态
1—阀门弹簧；2—衔铁；3—控制腔；
4—阀门调节杆；5—喷油嘴针阀；
6—喷油嘴弹簧；7—控制腔；8—节流孔

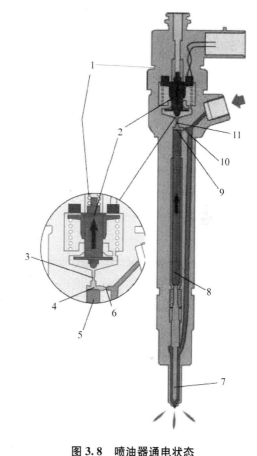

图 3.8　喷油器通电状态
1—阀门弹簧；2—衔铁；3—节流口；4—控制腔；
5—阀门调节杆；6—注入孔；7—喷油嘴针阀；
8—阀门调节杆；9—控制腔；10—注入孔；11—节流孔

3.2　泵管嘴式喷油系统的结构原理

1. 泵管嘴式喷油系统结构组成

以奥迪 2.5L、六缸、型号为 AFB 的发动机为例，讲述泵管嘴式喷油系统的结构原理与组成。如图 3.9 所示,供油系统主要由油箱、燃油泵、燃油滤清器、喷油泵和喷油器组成。

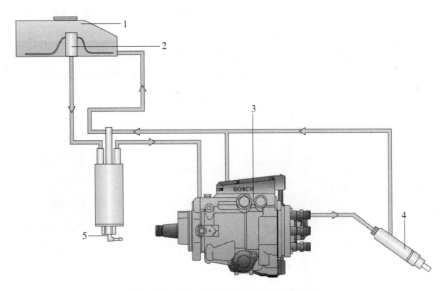

图 3.9   AFB 发动机的供油系统组成

1—油箱;2—带有背压腔的燃油泵;3—径向柱塞分配式喷油泵;4—喷油器;5—燃滤清器

1)燃油泵

油箱内有一个燃油泵,它驱动两个抽吸泵将燃油送入背压腔,这样可以保证径向柱塞分配式喷油泵抽到的燃油内无气泡。

2)燃油滤清器

由于燃油含有很小的杂质颗粒会对径向柱塞分配式喷油泵造成损伤,因此在燃油进入喷油泵前,用燃油滤清器对燃油进行过滤。

3)径向柱塞分配式喷油泵

如图 3.10 所示,径向柱塞分配式喷油泵有单独的控制单元,该控制单元用于控制和监控喷油泵的执行元件。因此在控制单元内存有特性曲线,特性曲线与喷油量精确度相匹配。控制单元与喷油泵一体,出现故障时应整体更换。

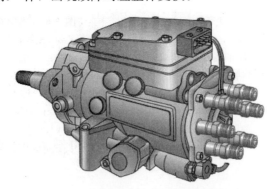

图 3.10   径向柱塞分配式喷油泵实物图

径向柱塞分配式喷油泵的内部结构如图 3.11 所示。

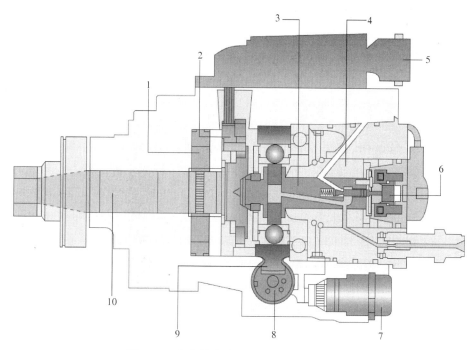

图 3.11 径向柱塞分配式喷油泵的内部结构

1—叶片泵；2—转角传感器；3—分配轴；4—分配器体；5—喷油泵控制单元；

6—油量阀节电磁阀；7—喷油始点阀；8—喷油调节器；9—斜凸轮调整环；10—传动轴

（1）叶片泵。

如图 3.12 所示，在径向柱塞分配式喷油泵内有叶片泵，叶片泵从油箱内抽取燃油并在径向柱塞分配式喷油泵内建立起压力。叶片泵主要靠吸油腔和出油腔的体积变化实现泵油工作。

（2）径向柱塞分配式喷油泵工作原理。

吸油过程如图 3.13 和 3.14 所示，当电磁阀打开时，径向柱塞分配式喷油泵内的压力会将燃油压入压缩室内。

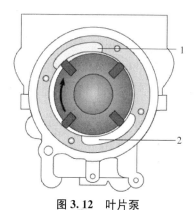

图 3.12 叶片泵

1—压力侧；2—抽油侧

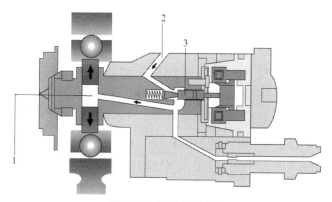

图 3.13 吸油过程(一)

1—压缩室；2—来自内控的燃油；3—电磁阀

压缩过程如图 3.15 所示，燃油由两个活塞压缩，活塞通过滚子由斜凸轮调整环驱动，驱动力来自传动轴。

传动轴转动时会使滚子作用到斜凸轮调整环的凸轮轴上，从而将活塞向内压，活塞中间的燃油被压缩。

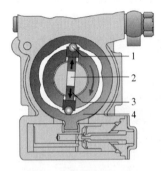

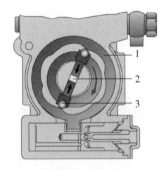

图 3.14　吸油过程（二）

1—滚子；2—燃油；3—活塞；4—斜凸轮调整环

图 3.15　压缩过程

1—斜凸轮调整环；2—燃油；3—滚子

分配过程如图 3.16 所示，电磁阀关闭时，燃油由分配轴和分配器体经回油节流阀和喷油嘴分配到各气缸。

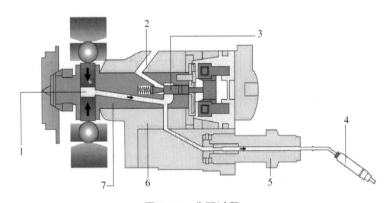

图 3.16　分配过程

1—压缩室；2—内腔燃油入口；3—电磁阀；4—喷油器；5—回油节流阀；6—分配器体；7—分配轴

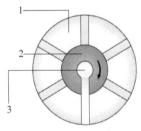

图 3.17　分配器

1—分配器体；2—分配轴；

3—压缩室

如图 3.17 所示，分配器体上有通往各气缸的孔，分配轴与传动轴一同转动，这样可使压缩室总是与分配器体上的某一个孔相连接。

（3）喷油始点调节装置的工作原理。

如图 3.18 所示，针阀升程传感器（G80）、冷却液温度传感器（G62）、发动机转速传感器（G28）是用于确定喷油始点信号的传感器。发动机控制单元的信号被喷油泵控制单元转换成用于控制喷油始点阀的信号。喷油始点调节装置的作用是使供油始点与发动机转速相匹配。

工作原理如图 3.19 所示，随着转速的升高，喷油始点应

"提前"。喷油始点调节装置就是执行上述任务的。喷油始点调节装置的控制活塞通过弹簧力压在喷油始点调节活塞上，控制活塞的环形腔通过一个孔从喷油泵的内腔得到燃油压力，由喷油始点阀确定控制活塞的环形腔内燃油压力的大小。

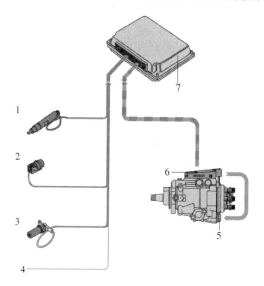

图 3.18 喷油始点控制简图

1—针阀升程传感器 G80；2—冷却液温度传感器 G62；
3—发动机转速传感器 G28；4—计算出的燃油量；
5—喷油始点阀 N108；6—喷油泵控制单元 J399；
7—发动机控制单元

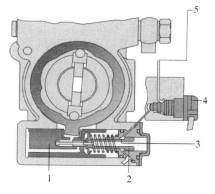

图 3.19 喷油始点调节装置结构

1—喷油始点调节活塞；2—控制活塞；
3—环形腔；4—喷油始点阀；
5—来自内腔的燃油压力

如图 3.20 所示，随着转速的提高，喷油始点阀会提高环形腔内的燃油压力，这时控制活塞顶着弹簧离开喷油始点调节活塞，从而让出一个通道，使燃油到达喷油始点调节活塞的后部，喷油时刻推迟。

如图 3.21 所示，燃油压力将喷油始点调节活塞向右推动，喷油始点调节活塞与斜凸轮调整环是连接在一起的，因此喷油始点调节装置的水平运动就使得斜凸轮调整环向"提前"方向转动。

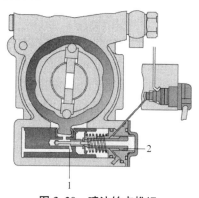

图 3.20 喷油始点推迟

1—通道；2—控制活塞

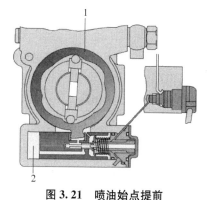

图 3.21 喷油始点提前

1—斜凸轮调整环；2—燃油压力

2. 控制方式

如图 3.22 所示，发动机控制单元接收来自关于发动机工况及辅助控制的传感器信号，控制单元进行分析确定喷油量和供油始点，发动机控制单元再将计算的数值发送给喷油泵控制单元。喷油泵控制单元计算出供油量和喷油始点的数据。喷油泵控制单元和发动机控制单元之间的信号通过 CAN 总线传递。发动机控制单元还有其他任务，如控制废气再循环和增压压力调节等。

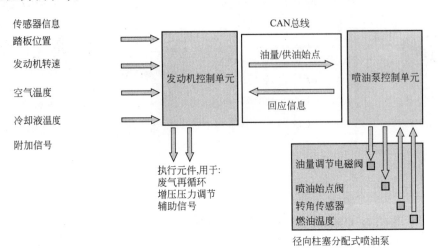

图 3.22　功能示意图

3. 预热系统

预热系统的主要组成如图 3.23 所示。

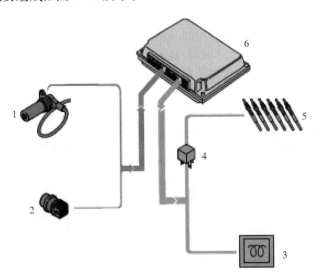

图 3.23　预热系统的组成

1—发动机转速传感器 G28；2—冷却液温度感器 G62；3—预热时间指示灯 K29；
4—预热塞继电器 J52；5—预热塞 Q6；6—发动机控制单元 J248

如图 3.24 所示，预热塞继电器由发动机控制单元控制。在温度较低时，预热装置可使发动机容易起动。当冷却液温度低于 9℃ 时，发动机控制单元会接通预热装置。

加热过程分如下两个阶段。

（1）预加热。

打开点火开关后，若温度低于 9℃，预热塞接通，同时预热时间指示灯亮起。加热过程结束后，指示灯熄灭，此时发动机可以起动。

（2）再加热。

每次起动发动机后，不论是否已预加热，发动机都会继续加热，这可以降低燃烧噪声、改善怠速状况并减少废气排放。再加热阶段最长可持续 4 min，当发动机转速高于 4000 r/min 时，再加热过程中断。

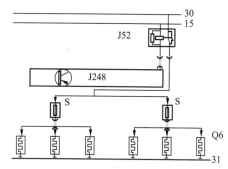

图 3.24　预热系统电路

4．发动机管理系统

发动机管理系统如图 3.25 所示。

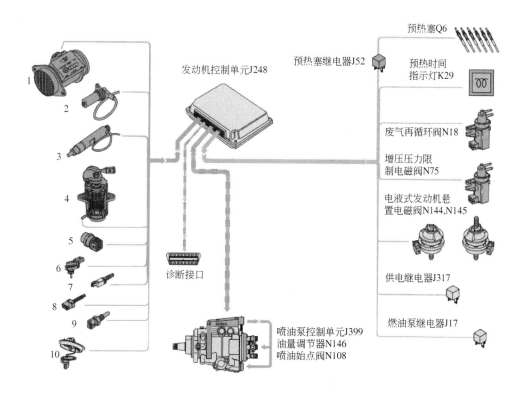

图 3.25　发动机管理系统

1—空气流量计 G70；2—转速传感器 G28；3—针阀升程传感器 G80；
4—油门踏板位置传感器 G79；5—冷却液温度传感器 G62；6—进气管压力传感器 G71；
7—离合器踏板开关 F36；8—制动灯开关 F 和制动踏板开关 F47；9—机油温度传感器 G8；
10—燃油不足传感器 G210

3.3 泵喷嘴喷油系统的结构原理

泵喷嘴结构如图 3.26 所示，泵喷嘴结构最大的特点是把喷油泵和喷油器合二为一安装在缸盖上，也就是说每个气缸单独配有一个泵喷嘴结构。所以，气缸盖结构比较复杂，泵喷嘴结构有以下特点：

图 3.26 泵喷嘴结构实物图

泵喷嘴结构能产生比共轨系统更大的压力（约 2000bar）；无高压管路，可消除高压管路中压力波和燃油压力变化对喷油量的影响；喷油器驱动采用压电元件而非电磁阀，喷射的精度控制较高。

在未来的发展中，泵喷嘴结构仍然是一个很好的发展方向。下面主要介绍泵喷嘴结构的工作原理。

1. 泵喷嘴喷油系统的组成

奥迪 V10 柴油发动机的控制系统组成，如图 3.27 所示。该发动机由两块发动机控制单元来控制，分别为发动机控制单元（J623）和发动机控制单元（J624），其中 J623 为主控单元，J623 和 J624 通过特有总线进行通信。J623 接收加速踏板信号、怠速开关信号、曲轴位置传感器信号、发动机水温信号等，计算出需要的喷油量，并控制 1～5 缸的压电式喷油器开启或关闭，同时与 J624 通信，使其控制 6～10 缸的压电式喷油器开启或关闭。

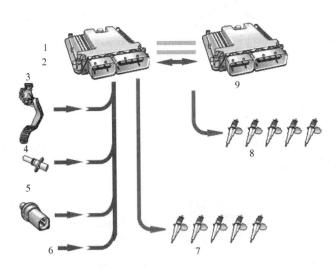

图 3.27 泵喷嘴喷油系统的组成

1—发动机控制单元(J623)；2—加速踏板位置传感器(G79)；3—怠速开关(F60)；4—曲轴位置传感器(G28)；
5—发动机温度传感器(G62)；6—辅助信号：离合器开关信号制动信号；
7—1～5 缸压电式喷油器；8—6～10 缸压电式喷油器；9—发动机控制单元(J624)

2. 泵喷嘴的结构

泵喷嘴的结构如图3.28所示。

3. 工作过程

(1) 吸油过程。

如图3.29所示，当凸轮轴上的凸轮转到摇臂另一侧时，喷油器中的活塞在回位弹簧的作用下向上运动，高压控制腔内体积变大，压力变小，燃油从进油口吸入高压控制腔。

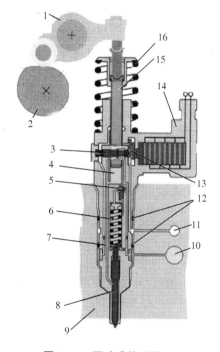

图3.28　泵喷嘴的结构

1—摇臂；2—凸轮；3—控制阀芯；
4—高压控制腔；5—单向阀；6—回位弹簧；
7—控制活塞；8—针阀；9—气缸盖；10—进油孔；
11—回油孔；12—O型密封圈；13—放大杠杆；
14—喷油器接线柱；15—活塞；16—回位弹簧

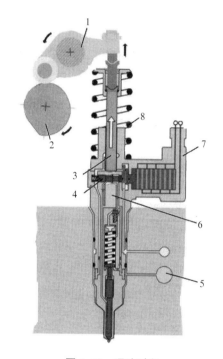

图3.29　吸油过程

1—摇臂；2—凸轮；3—活塞；
4—控制阀芯；5—进油孔；6—高压控制腔；
7—喷油器插件；8—回位弹簧

(2) 压缩过程。

如图3.30所示，当凸轮旋转到上面时，摇臂以摇臂轴为中心顺时针转动，喷油器内柱塞向下运动，高压控制腔产生高压燃油，但此时喷油器的针阀并不开启，原因是高压控制腔内的高压燃油通过控制阀芯流向针阀的下端和针阀顶座，由于针阀上下所承受压力的有效面积不同，针阀受到的合力向下。

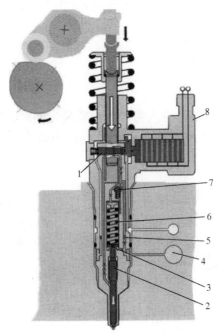

图 3.30　压缩过程

1—控制阀芯；2—针阀；3—针阀顶座；4—进油孔；5—阻尼孔；

6—回位弹簧；7—单向阀；8—喷油器插件

（3）喷射过程。

发动机控制单元采集当前的负荷、转速、水温等信号，计算出需要的喷油量，并控制喷油器动作。控制方式是给喷油器中的压电元件通电，当压电元件有电压作用时，由于逆压电效应，压电元件会变形，变形量通过放大板作用到控制阀芯，如图 3.31 和图 3.32 所示。

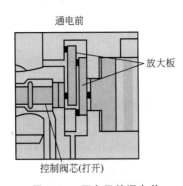
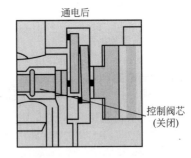

图 3.31　压电元件通电前　　　　图 3.32　压电元件通电后

喷射过程如图 3.33 所示，控制阀芯向左运动，把高压腔通向针阀顶座的通道关闭，但高压腔内高压燃油仍与针阀下端相通，随着高压腔内压力的持续增大，针阀受到的合力方向向上，针阀开启，喷油器开始喷油。

（4）停油过程。

如图 3.34 所示，当发动机控制单元确认喷油量已经满足工况需求时，将停止对喷油器中压电元件供电。此时控制阀芯在回位弹簧的作用下向右移动，针阀上下端面受到相同燃油压强，但因作用面积不同，针阀受到的合力向下，喷油器停止喷油。

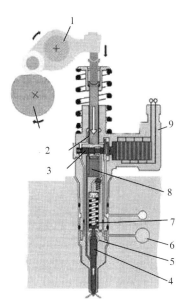

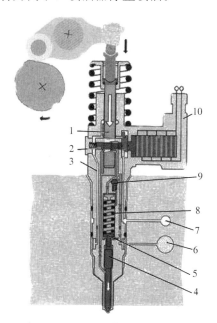

图 3.33 喷射过程 　　　　　　　　　　　图 3.34 停油过程

1—摇臂；2—活塞；3—控制阀芯；4—针阀；　　1—活塞；2—控制阀芯；3—回油孔；4—针阀；
5—控制阀；6—进油孔；7—回位弹簧；　　　　5—针阀顶座；6—进油孔；7—回油孔；
8—高压控制腔；9—喷油器插件　　　　　　　8—回位弹簧；9—单向阀；10—喷油器插件

3.4 柴油发动机辅助控制系统

3.4.1 柴油发动机废气涡轮增压器的结构原理

柴油发动机废气涡轮增压器(图3.35)可增大发动机转矩、提高发动机功率。柴油发动机废气涡轮增压器(简称废气涡轮增压器)通过压缩吸入空气达到上述效果。由于吸入空气密度增大，每个进气行程进入燃烧室的空气量相应增多，从而增加氧含量，达到提高燃烧效率的目的。

1. 旁通式废气涡轮增压器

涡轮增压器有两个难题：在发动机转速很高时涡轮转速也很高，压缩空气量超出需要；发动机转速低时涡轮达不到所要求的转速，空气压缩不足，发动机功率也达不到要求(增压滞后)。

折中方法是在涡轮增压器上加一个旁通支路。发动机转速较高时部分废气通过旁通支路而不通过增压器，从而保证不超过最佳压缩比，进而达到所要求的发动机功率，但该旁通支路在发动机转速低时不起作用，旁通支路的开闭由压力机械控制阀控制。

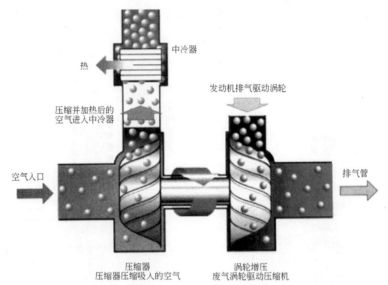

热

中冷器

发动机排气驱动涡轮

压缩并加热后的
空气进入中冷器

空气入口

排气管

压缩器
压缩器压缩吸入的空气

涡轮增压
废气涡轮驱动压缩机

图 3.35　废气涡轮增压器

旁通式废气涡轮增压器如图 3.36 所示，发动机控制单元根据发动机的负荷信号、转速信号等确定目标压力，如需要增大压力，那么发动机控制单元控制废气涡轮增压器上的增压电磁阀断电，真空通道断路，机械控制阀向上移动，废气侧的旁通支路截面积变小，多数废气直接冲击废气侧叶轮，涡轮转速加快，增压压力增大；当发动机控制单元监测到增压压力偏高时，就会向增压控制电磁阀通电，机械控制阀向下移动，旁通空气道截面积增大，大量废气从旁通支路排走，涡轮转速降低，增压压力下降。

2. 可调叶片式废气涡轮增压器

可调叶片式废气涡轮增压器如图 3.37 所示。

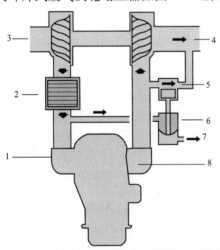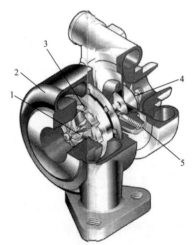

图 3.36　旁通式废气涡轮增压器的工作原理
1—进气歧管；2—中冷器；3—吸入空气；
4—废气；5—旁通支路；6—机械控制阀；
7—真空通道；8—排气歧管

图 3.37　可调叶片式废气涡轮增压器
1—涡轮；2—涡轮壳体；3—可调式叶片；
4—压缩机；5—润滑油进口

可调叶片式废气涡轮增压器的工作原理如图 3.38 所示，其与装有旁通支路式废气涡轮增压器不同，后者在任何转速下均可产生所需压缩力。

流速与截面关系如图 3.39 所示，若两个管内的压力相同，气体流过有颈缩的管要比流过无颈缩的管速度快很多。

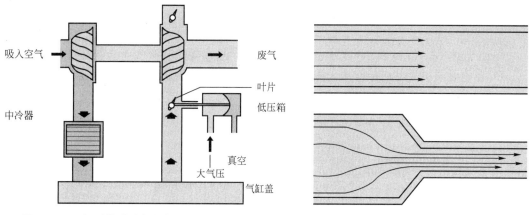

图 3.38　可调叶片式废气涡轮增压器的工作原理　　　　图 3.39　流速与截面关系

（1）发动机低速时压力需求。

增压过程如图 3.40 所示，发动机低速时，需较大的增压压力。由于废气流过截面减小的通道，其流速加快，涡轮转速也随之加快。这样，在发动机转速很低时，涡轮转速仍很高，能产生足够的充气压力，废气背压也较高。

（2）发动机高速时压力需求。

减压过程如图 3.41 所示，发动机高速时，需较小的增压压力。由于废气流过截面增加的通道，其流速变慢，涡轮转速也随之变慢。这样，在发动机转速较高时，产生的充气压力并不大。

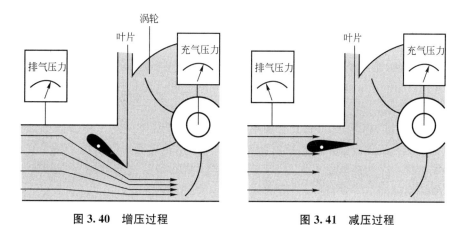

图 3.40　增压过程　　　　　　　图 3.41　减压过程

3.4.2　柴油发动机废气再循环系统

柴油发动机主要的污染物是碳烟颗粒和氮氧化合物。

目前，碳烟颗粒的处理已应用于汽车，其主要措施是在排气管上安装碳烟过滤器，收集碳烟颗粒。当碳烟过滤器收集满碳烟颗粒时，柴油发动机控制单元会通过改变喷油时刻，提高排气管温度，使其达到碳烟颗粒燃点，碳烟颗粒燃烧，再进入下一个循环。若收集满之后，不及时处理将堵塞排气管。

废气再循环装置的主要功能是减少氮氧化合物的排放。

1. 两阀控制

早期柴油汽车发动机采用 EGR 机械阀和 EGR 电磁阀控制氮氧化合物。如图 3.42 所示，EGR 电磁阀由发动机控制单元控制，并有相应的真空传送到 EGR 机械阀。真空打开 EGR 机械阀，允许废气进入发动机。

2. 单阀控制

目前柴油汽车发动机 EGR 系统使用单阀控制氮氧化合物。如图 3.43 所示，废气再循环量由电磁阀进行控制，而电磁阀由发动机控制单元直接控制。集成的废气再循环电位计把阀的实际开度信号传送给发动机控制单元，从而实现闭环控制。

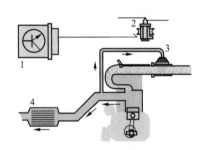

图 3.42　废气再循环系统结构图（一）
1—发动机控制单元；2—EGR 电磁阀；
3—EGR 机械阀；4—三元催化器

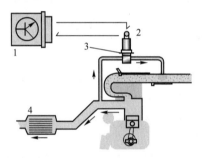

图 3.43　废气再循环系统结构图（二）
1—发动机控制单元；2—废气再循环阀和
废气再循环电位计；3—通风口；
4—三元催化装置

3.4.3　柴油发动机排放系统

1. 功能介绍

在大众 2.0L TDI CR 发动机上已采用了减少碳烟颗粒排放的措施，而柴油微粒过滤器则进一步减少了其排放。柴油微粒过滤器与氧化催化转换器一起，位于一个壳体内，其位置靠近发动机，因此能够很快地达到工作温度。柴油微粒过滤器的实物结构如图 3.44 所示，内部结构如图 3.45 所示，系统组成如图 3.46 所示。

柴油微粒过滤器和氧化催化转换器为独立安装，各自单独装在一个的壳体内，氧化催化转化器位于柴油微粒过滤器的前端。结合共轨喷射系统，氧化催化转化器安装在前端具有以下优点：

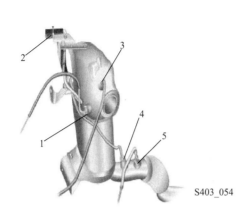

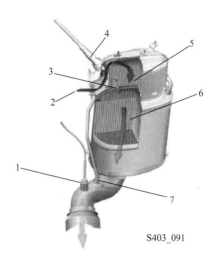

S403_054

S403_091

图 3.44　柴油微粒过滤器的实物结构

1—废气温度传感器 3(G495)；2—废气压力传感器 1(G450)；
3—氧传感器(G39)；4—连接到废气压力传感器(G450)；
5—废气温度传感器 4(G648)

图 3.45　柴油微粒过滤器的内部结构

1—废气温度传感器 4(G648)；2—废气流；
3—废气温度传感器 3(G495)；4—氧传感器(G39)；
5—氧化催化转化器；6—柴油微粒过滤器；
7—连接到废气压力传感器(G540)

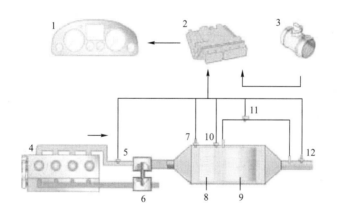

图 3.46　柴油微粒过滤器的系统组成

1—组合仪表中带显示单元的控制单元(J285)；2—发动机控制单元(J623)；3—空气质量流量计(G70)；
4—柴油发动机；5—废气温度传感器 1（G235）；6—涡轮增压器；7—氧传感器（G39）；
8—氧化催化转化器；9—柴油微粒过滤器；10—废气温度传感器 3(G495)；
11—废气压力传感器 1(G450)；12—废气温度传感器 4（G648）

　　（1）氧化催化转化器的位置使其在柴油微粒过滤器之前先将废气温度升高。这使得柴油微粒过滤器可以很快达到其工作温度。

　　（2）增压模式下，避免了进气温度过低而造成的柴油微粒过滤器过冷的现象。这种情况下，氧化催化转化器的功能类似一个储温器，加热废气流再将热量传给微粒过滤器。

　　（3）再生过程中，与涂有催化剂的柴油微粒过滤器相比，可更精确地调节废气温度。废气温度传感器在微粒过滤器前立即测定出排气温度。因此可精确计算出用于再生过程中加热废气的二次喷射过程中的喷油量。

2. 氧化催化转化器

氧化催化转化器的基本材料是金属，会很快达到工作温度。在这个金属体上有一个氧化铝基体，上面涂有铂金金属，作为 HC 和 CO 的催化剂。氧化催化转化器将大部分碳氢化合物和一氧化碳氧化生成 H_2O 和 CO_2。

3. 柴油微粒过滤器

柴油微粒过滤器包括一个碳化硅材料的蜂窝陶瓷体，陶瓷体细分成众多一侧被密封的小通道所形成的进口和出口通道被过滤墙隔开。多孔的过滤网上涂有氧化铝和氧化铈基体层，基体上使用贵金属铂作为催化剂。含有碳颗粒的废气流经进气通道的过滤墙，废气通过过滤墙而碳颗粒被留了下来，如图 3.47 所示。

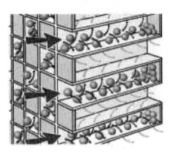

图 3.47 过滤墙

微粒过滤器的再生功能是为了防止柴油微粒过滤器被碳颗粒堵塞，因此其必须能够正常再生。再生过程中，柴油微粒过滤器上收集的碳颗粒燃烧（氧化）。柴油微粒过滤器的再生步骤：被动再生、加热过程、主动再生、由客户执行的再生驱动、维修再生。

（1）被动再生。

被动再生时，发动机管理系统不进行干预，碳颗粒不断燃烧。这一过程首先会在发动机高负荷，废气温度为 350~500℃时进行，如快车道行驶时。这种情况下，碳颗粒通过和 NO_x 反应转化为二氧化碳和氮气。

（2）加热过程。

为尽快加热冷态氧化催化转化器和柴油微粒过滤器至工作温度，发动机管理系统在主喷油过程后启动二次喷油过程。二次喷油在缸内燃烧，升高了燃烧温度级别，所释放出的热量通过废气流到达氧化催化转化器和柴油微粒过滤器，将其加热。一旦达到氧化催化转化器和柴油微粒过滤器的工作温度，一段时间后，加热过程结束。

（3）主动再生。

大部分工况下废气温度太低，无法启动被动再生。此时由于碳颗粒无法被动消除，会在过滤器中累积起来。一旦过滤器中的碳颗粒含量到达一定程度，发动机管理系统启动主动再生，工作过程如图 3.48 所示。碳颗粒在废气温度为 550~650℃时燃烧，生成二氧化碳。

通过发动机控制单元内的两个预设模型计算出柴油微粒过滤器中的碳颗粒含量。一个碳颗粒含量模型是基于驾驶员驾驶风格和废气温度传感器以及氧传感器信号的；另一个碳颗粒含量模型则基于柴油微粒过滤器的流体阻力。通过废气压力传感器、废气温度传感器和空气质量计的信号进行计算。

为在主动再生过程中升高废气温度，发动机控制单元采取的措施如下：

① 进气由节气门控制单元调节。

② 关闭废气再循环来提高燃烧温度和燃烧室中的氧气含量。

③ 滞后的主喷射结束不久后，启动首次二次喷射来提高燃烧温度；其余二次喷射在主喷射完成稍久后再进行。这些燃油不会在气缸内燃烧，但会在燃烧室中汽化。燃油中含

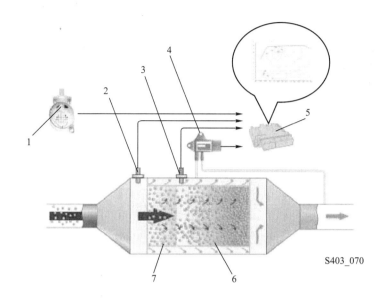

图3.48 主动再生

1—空气质量计 G70；2—氧传感器 G39；3—废气温度传感器 3G495；4—废气压力传感器 G450；
5—发动机控制单元 J623；6—柴油微粒过滤器；7—氧化催化转化器

有的未燃碳氢化合物在氧化催化转化器中被氧化。该过程中产生的热量通过空气流到达柴油微粒过滤器，在柴油微粒过滤器前端将废气温度升高到大约620℃。

柴油微粒过滤器前端的废气温度传感器(G345)的信号被发动机控制单元用于计算稍后二次喷射过程中的喷油量。再生过程中，调节增压空气压力以保证驾驶员感觉不到明显的转矩变化。

（4）客户再生。

若车辆仅用于短途行驶，废气温度达不到启动过滤器的温度。若柴油微粒过滤器中的受污染情况到达极限值，仪表板上会亮起柴油微粒过滤器警告灯。该信号告知驾驶员开启再生功能。若车辆需要短时高速行驶，则能够达到足够高的废气温度，且在该时间范围内成功再生的工作条件保持稳定。

（5）维修再生。

若客户再生失败，柴油微粒过滤器的受污染情况到达40g，除柴油微粒过滤器警告灯亮起外，预热时间指示灯也会亮起。仪表板上显示"发动机故障-修理厂"字样。驾驶员需要寻找最近的修理厂进行检修。这种情况下，发动机控制单元不允许柴油微粒过滤器的主动再生，以避免过滤器被损坏。

3.4.4 柴油发动机预热装置

大众系列柴油发动机上有一个柴油快速起动预热装置，能迅速起动发动机。和汽油发动机一样，几乎在所有的气候条件下都无须长时间预热。系统概览如图3.49所示。该预热塞系统的优点如下：

（1）能够和汽油发动机一样在低至−24℃的温度下起动。

（2）加热时间极短，预热塞 2s 内可达到 1000℃ 的高温。

（3）预热温度和起动后预热温度可控。

（4）能进行自诊断。

（5）装备部分欧洲车载诊断预热系。

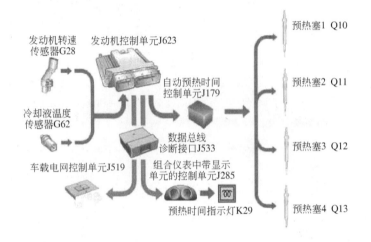

图 3.49　系统概览

功能：钢制预热塞由发动机控制单元通过自动预热时间控制单元（J179），结合一个 PWM 信号，顺序起动。此情况下，单独预热塞的电压通过 PWM 信号的频率进行调节。外界温度低于 18℃ 时，快速起动需要加载 11.5V 的最大电压用于预热。这可以确保预热塞在尽可能短的时间间隔内（不超过 2s）加热至 1000℃ 以上，由此减少发动机的预热时间。

起动后的预热：通过不断降低 PWM 信号的控制频率，起动后预热的电压被调节至标定的 4.4V。起动后的预热在发动机起动后最多可运作 5min，直至冷却液温度到达 18℃。高预热温度能帮助降低暖机过程中碳氢化合物的排放及燃烧噪声。

预热塞的错开工作控制：预热塞采用错开起动来降低预热过程中车载电源的负担，前一个起动信号终止会引发下一个预热塞的起动，如图 3.50 所示。

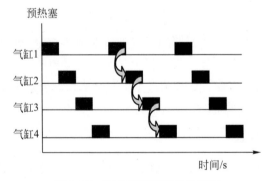

图 3.50　预热塞的错开工作控制

 习 —— 题

1. 电控柴油发动机按供油方式分哪几类?

2. 简述柴油发动机共轨式喷油系统的组成,绘制其燃油供给系统组成的工作简图。

3. 绘制柴油发动机共轨式喷油系统高压泵的工作原理图,并叙述其工作过程。

4. 柴油发动机的泵管嘴式喷油系统由哪些元件组成?

5. 柴油发动机的泵喷嘴式喷油系统由哪些元件组成?

6. 简述可调叶片式涡轮增压器系统的组成及工作原理。

7. 柴油微粒过滤器的作用、系统组成及工作原理。

8. 试比较电控共轨柴油发动机与直喷汽油发动机在燃油供给系统组成方面有哪些相同点和不同点。

第 **4** 章

发动机防盗系统

 本章教学目标

掌握发动机防盗系统的组成及工作原理；了解发动机防盗系统的发展过程；掌握大众、通用、现代等典型车系防盗系统的组成、结构及工作原理。

 本章教学要点

知识要点	能力要求	相关知识
发动机防盗基础知识	掌握发动机防盗系统的组成、工作原理及防盗工作过程	发动机防盗系统的作用、组成及工作原理
大众车系发动机防盗系统	掌握大众车系发动机防盗系统的组成、结构特点及工作原理	大众车系发动机防盗系统的发展历程
通用车系发动机防盗系统	掌握通用车系发动机防盗系统的组成、结构特点及工作原理	通用车系发动机防盗系统的发展历程
现代车系发动机防盗系统	掌握现代车系发动机防盗系统的组成、结构特点及工作原理	现代车系发动机防盗系统的发展历程

4.1　发动机防盗系统概述

随着社会的进步，汽车防盗技术与安全、环保、节能一起被列为汽车技术发展的四大课题。特别是 21 世纪，融合电子信息技术、数据通信技术、传感器技术、控制技术、计算机处理技术和汽车网络技术于一身的汽车防盗技术正朝着高度智能化、功能多样化和网络化方向发展。

早期汽车采用机械点火锁的方式防止非法发动汽车。由于机械点火锁存在一定互开率，并且容易被强行撬开，或通过跨线的方式起动发动机，车辆容易被盗，安全系数低。

随着电子技术的发展，人们开发出发动机防盗锁止系统，装有发动机防盗锁止系统的汽车，仅在使用系统认可的钥匙时方可起动。即使盗车贼能打开车门，如试图使用一把系统不认可的钥匙起动发动机，则发动机不会起动。

第一代防盗系统主要以通用公司的 PASS-KEY 防盗系统为主。该防盗系统采用电阻式防盗系统。目前此种防盗系统已经淘汰。

第二代防盗系统主要以大众公司的 Immobilizer 变换码式防盗系统为主，于 1997 年开始应用，当时一汽奥迪 A6、捷达、桑塔纳 2000 等车型均装备此防盗系统。目前大众车系第二代防盗系统已趋向淘汰。

第三代防盗系统是在大众公司第二代防盗系统基础上发展起来的，自 2001 年以后大众车系的奥迪、帕萨特、宝来、高尔夫等车辆都装备了第三代防盗系统。目前大众车系生产的车辆主要以第三代防盗系统为主。

第四代 WFS 防盗系统于 2003 年开始应用于奥迪 A8，现在大众车系的新款车型如奥迪 A6L、奥迪 Q7 等都装备了第四代防盗系统，随着第四代防盗系统技术的成熟，将会逐渐普及。

4.2　发动机防盗系统的组成及工作原理

4.2.1　发动机防盗系统的组成

发动机防盗系统是防盗系统的一种，带有 ID(识别)码的点火钥匙发射的 ID 码必须符合汽车预设定的 ID 码，否则，发动机不能启动。

发动机防盗系统的点火钥匙内嵌入发射芯片，用以控制发动机的点火及燃油喷射。当套在点火钥匙胆内的线圈接收到由发射芯片发射的 ID 码信号时，发射器钥匙计算机会判断这个 ID 码是否与其内储存的 ID 码一致。丰田防盗系统的构成如图 4.1 所示，主要功能部件的位置如图 4.2 所示。

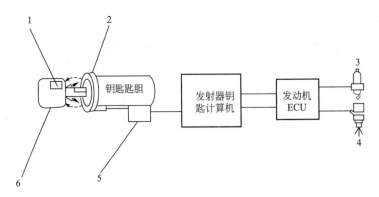

图 4.1　丰田发动机防盗系统的构成

1—发射芯片；2—发射器钥匙线圈；3—火花塞；4—喷油器；5—发射器钥匙放大器；6—点火钥匙

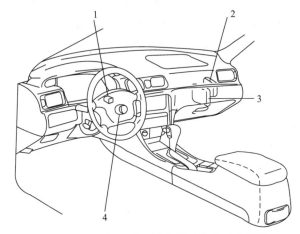

图 4.2　发动机防盗系统主要功能部件的位置

1—发射器钥匙放大器；2—发射器钥匙计算机；3—发动机 ECU；4—发射器钥匙线圈

发动机防盗系统的电路构成如图 4.3 所示。发射器钥匙线圈将接收到的点火钥匙 ID 码信号传送至发射器钥匙放大器，经放大器放大后传递至发射器钥匙计算机，并由发射器钥匙计算机判断钥匙是否合法，如钥匙正常，则允许发动机起动。

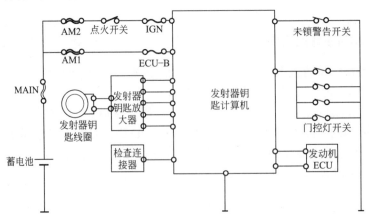

图 4.3　发动机防盗系统电路图

4.2.2 系统主要部件的结构及工作原理

发动机防盗系统由发射器钥匙(点火钥匙)、发射器钥匙线圈、发射器钥匙放大器和发射器钥匙计算机组成。

1. 发射器钥匙(点火钥匙)

如图 4.4 所示,一块发射器芯片嵌在点火钥匙内。每一个发射器芯片包含一个专用的发射器钥匙 ID 码。该钥匙不需要内部电池也可发射钥匙码。

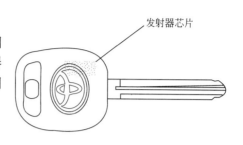

图 4.4 发射器钥匙(点火钥匙)

2. 发射器钥匙线圈和发射器钥匙放大器

发射器钥匙线圈是一个环形线圈,套装在点火钥匙匙胆上。发射器钥匙放大器装在点火钥匙匙胆后面。

3. 发射器钥匙计算机

发射器钥匙计算机用来记录不同的发射器钥匙 ID 码,并判断钥匙的合法性。

4.2.3 发动机防盗系统的工作原理

1. 发动机防盗系统设置

当点火钥匙从匙胆拔下,发动机防盗系统将被设定。

2. 解除发动机防盗系统的过程

(1)如图 4.5 所示,当点火钥匙插入匙胆,发射器钥匙计算机指令发射器钥匙线圈供应电磁能量,以使发射器芯片能发射出 ID 信号。发射器芯片内的电容器把这一能量储存起来,并转换为电能。然后发射器芯片就利用这一电能来发射 ID 信号。

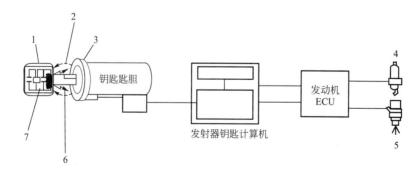

图 4.5 ID 信号的发射过程

1—点火钥匙;2—电磁能量;3—发射器钥匙线圈;
4—火花塞;5—喷油器;6—ID 信号;7—发射器芯片

(2) 如图 4.6 所示,线圈接收到的 ID 信号由发射器钥匙放大器放大,并送到发射器钥匙计算机。然后，计算机把接收到的 ID 信号与储存在发射器钥匙计算机中的 ID 信号进行比较。若此码符合，则计算机不设置防盗系统。

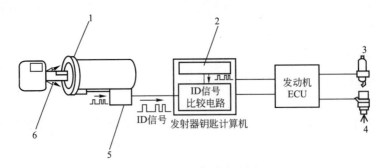

图 4.6   ID 信号的接收过程
1—发射器钥匙线圈；2—ID 信号储存信号；3—火花塞；
4—喷油器；5—发射器钥匙放大器；6—ID 信号

(3)如图 4.7 所示，如果防盗系统未被设置，发动机就能起动。然后发动机 ECU 根据一定的参数产生一个滚动码送到发射器钥匙计算机。

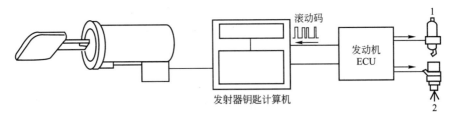

图 4.7   滚动码的发送过程
1—火花塞；2—喷油器

（4）如图 4.8 所示，接收到从发动机 ECU 发出的滚动码后，发射器钥匙计算机按一定的参数转换滚动码，并送到发动机 ECU。发射器钥匙计算机和发动机 ECU 之间的这种通信联系持续几秒钟，直到由发射器钥匙计算机发出正确的信号到发动机 ECU 为止，防盗系统解除锁止，允许发动机起动。在这期间，如果发射器钥匙计算机送不出正确的信号，发动机 ECU 将阻止供油和点火，发动机因此而不能运转。

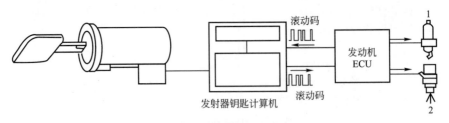

图 4.8   滚动码的接收判断发送过程
1—火花塞；2—喷油器

4.3 典型发动机防盗系统

4.3.1 大众车系防盗系统

1. 第一代大众防盗系统

第一代防盗止动器于1993年面世，如图4.9所示，防盗系统采用固定码，有单独的防盗控制单元。

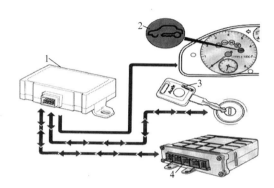

图4.9 第一代防盗系统
1—防盗控制单元；2—位于仪表上的防盗指示灯；
3—带转发器的钥匙；4—发动机控制单元

2. 第二代防盗系统

第二代防盗止动器于1997年出现，采用"固定码＋可变码"，防盗控制单元集成在组合仪表内，第二代防盗系统如图4.10所示。

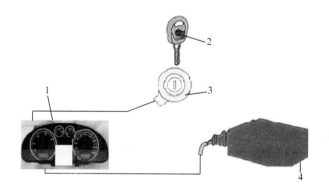

图4.10 第二代防盗系统
1—防盗系统控制单元；2—送码器；3—识读线圈（天线）；4—发动机控制单元

3. 第三代防盗系统

第三代防盗止动器于 1998 年出现，也采用"固定码＋可变码"，与第二代防盗系统不同的是识别过程中增加了 17 位车辆底盘号识别及网络数据传输，第二代防盗系统与第三代防盗系统的区别如图 4.11 所示。

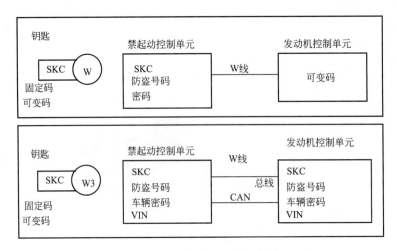

图 4.11　第二代与第三代防盗系统的区别

第三代发动机防盗系统发动机控制单元依旧是防盗止动系统的一部分，只是不接受没有 PIN 的自适应，自适应后应答器(钥匙)被锁止，不能再用于其他车辆。这种防盗止动器提供对第二代防盗止动器功能的支持，由 CAN 总线进行数据传递，工作原理是固定码传输(从钥匙到防盗止动器)、可变码传输(从防盗止动器到钥匙)、可变码传输(从发动机控制单元到防盗止动器)。

点火开关打开后，防盗止动器 ECU 通过改变天线磁场能量向送码器传输数据提出质询，然后钥匙发送它的固定码(首次匹配中这个固定码储存在防盗止动器中)。传送的固定码与储存的码在防盗止动器中进行比较，如果相同则开始传送可变码。固定码是用来锁定钥匙的。防盗止动器随机产生一个变码，这个码是钥匙和防盗止动器用于计算的基础。在钥匙和防盗止动器内各有一套公式列表(密码算术公式)和一个相同且不可改写的 SKC(隐秘的钥匙代码)，在钥匙和防盗止动器中分别计算结果。钥匙发送结果给防盗止动器，防盗止动器把这个结果与自己的计算结果进行比较，如果相同，钥匙确认完成。这一步，第二代防盗系统和第三代相同。发动机控制单元随机产生一个变码并传送给防盗止动器，防盗止动器把这个码和存储的码进行比较，如果相同，发动机被允许起动。发动机控制单元每次起动后按照随机选定原则产生一个变化的码，并把这个码储存在发动机控制单元和防盗止动器中，用于下次发动机起动时计算(第二代由 W 线传输)。接着发动机控制单元随机产生一个变码，在发动机控制单元和防盗止动器内有另一套密码术公式列表和一个相同的 SKC(公式指示器)，防盗止动器返回这个计算结果到发动机控制单元内与其计算结果进行比较。这个数据由 CAN 总线进行传递，如果结果相同，发动机被允许起动(第三代由CAN 总线传输)。第三代防盗系统的认证过程如图 4.12 所示。

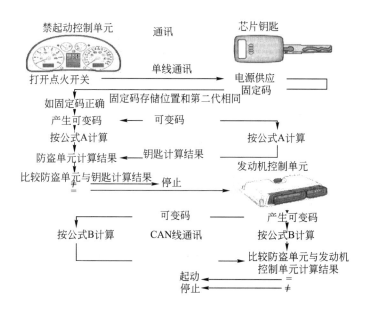

图 4.12　第三代防盗系统的认证过程

4．第四代防盗系统

2003 款奥迪 A8 汽车首次采用了最新的 WFS 防盗系统，不但实现了远距离诊断功能，而且实现了与中央数据库的连接。故障诊断仪和中央数据库可自动进行直接通信，实现对 WFS 防盗系统部件的匹配，因而系统安全性得到了更高程度的保障。

第四代 WFS 防盗系统是一种防盗功能系统。它将所有与防盗相关的控制单元数据都存储在中央数据库（FAZIT）中。FAZIT(车辆查询和中央识别)是第四代 WFS 防盗系统的重要组成部分。该数据库存储了控制单元与防盗相关的数据，这些控制单元将"防盗锁止"和"部件保护"功能联成一体。相关控制单元与 FAZIT 的匹配只有通过在线连接时才能实现。

通过在线查询，可以将数据准确、快捷且可靠地传递到车辆上。不存在经由传真或连接其他部件查询 WFS 部件 PIN 密码的情况。所有在 WFS 防盗系统监控下的部件均必须通过在线验证。对具体车辆来说，包括追加订购的车钥匙在内的所有车钥匙，在出厂时都已预先进行了编码设置，这些钥匙只能用于这辆车。

第四代 WFS 防盗系统的组成如下。

1）防盗系统控制单元

目前，一般车辆防盗系统控制单元有的是独立配备的，有些则将安装在组合仪表总成中。第四代 WFS 防盗系统则是两者的结合。在 2003 款奥迪 A8 汽车上，WFS 防盗系统与进入和启动许可控制单元(J518)连成一体，如图 4.13 所示。组合仪表总成不是防盗系统的组成部分，而是部件保护的组成部分。

2）发动机控制单元

发动机控制单元是 WFS 防盗系统的组成部分，如图 4.14 所示。

图 4.13　进入和启动许可控制单元(J518)

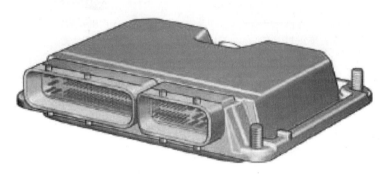

图 4.14　发动机控制单元

3) 车钥匙

钥匙带有一个经过机械编码处理的钥匙齿，它只能用于驾驶员车门、行李厢盖锁芯等处，如图 4.15 所示。钥匙发射器与电子部件连成一体，并且在钥匙电池无电压的情况下也能工作。这种高级钥匙增设了一个电子部件，用它实现与进入和启动许可控制单元之间的无线双向通信。该系统最多可配 8 把钥匙。对于每辆车来说，第四代 WFS 防盗系统的车钥匙都将在制造厂以电子和机械的方式预先设置密码。这就是说对钥匙的内齿进行特殊加工，并设置基础编码，使该钥匙只能用在被指定的车辆上。

图 4.15　钥匙

4) 进入和启动许可开关(E415)

2003 款奥迪 A8 汽车上配备的是一种不同寻常的点火开关。进入和启动许可开关（E415）不是机械编码钥匙。开关装有识读线圈，可以将发射器钥匙传输的密码数据经由双向数据电缆传送到进入和启动控制单元。进入和启动许可开关不需要匹配到防盗系统中。进入和启动许可开关（E415），如图 4.16 所示。

5）方向盘锁执行元件（N360）

方向盘锁执行元件（N360）受进入和启动许可开关的控制。它对方向盘进行闭锁或开锁。方向盘锁执行元件（N360）是防盗系统的组成部分，如图 4.17 所示。更换之后必须与防盗系统进行系统匹配，具体匹配工作可在原厂专用诊断仪 VAS5052 的"引导型"功能中进行。

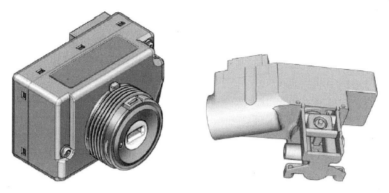

图 4.16　进入和启动许可开关(E415)　　图 4.17　方向盘锁执行元件(N360)

6）其他部件

其他部件指所有其他电子部件，如车门把手、天线，启动/停止键等都没有安装微型控制装置，它们不属于 WFS 防盗系统和部件保护系统。

第四代 WFS 防盗系统的组成如图 4.18 所示。

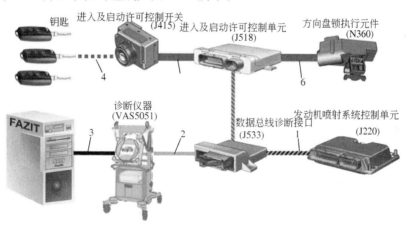

图 4.18　第四代 WFS 防盗系统的组成

1—驱动系统 CAN 总线；2—故障诊断系统 CAN 总线；3—PC 网络；
4—无线数据交换；5—双向数据交换；6—双向数据交换

5. 第五代防盗系统

奥迪 A5 汽车首次采用第五代防盗系统，作为第四代防盗系统的升级版，在售后服务方面与第四代系统无明显区别，防盗系统执行任何操作之前必须通过诊断仪与 FAZIT 建立在线连接，如图 4.19 所示。

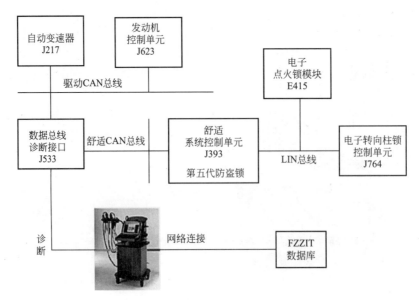

图4.19　第五代防盗系统在线连接框图

1）电子点火锁（E415）

电子点火锁（E415）如图4.20所示，具有功能：①汽车钥匙机械插入并锁止；②汽车钥匙防拔出（通过解锁螺线管）；③微型开关识别汽车钥匙插入状态，如图4.21所示，钥匙有静止和压入两种状态；④汽车钥匙中数据的写入和读取（用于发动机防盗系统或"奥迪服务密钥"功能）；⑤接收/发送LIN总线信息，包含提供给汽车钥匙的数据以及从汽车钥匙获取的数据。

图4.20　电子点火锁（E415）

图4.21　识别汽车钥匙插入状态

2）汽车钥匙

新款奥迪A5汽车配备全新的汽车钥匙如图4.22所示，只需将汽车钥匙插入到电子点火锁中，舒适系统控制单元（J393）读取微型开关的信息，并根据这些信息计算出当前的钥匙状态。

奥迪A5通过触摸外拉手上的电容传感器即可开启和关闭车门。通过车主随身携带智能卡里的芯片感应自动开关门锁，当车主走近车辆一定距离时，门锁会自动打开并解除防盗；当车主离开车辆时，门锁会自动锁上并进入防盗状态。一般装有无钥匙进入系统的车辆，其车门把手上有感应按钮和接近传感器，同时也有钥匙孔，智能卡损坏或没电时，车主仍可用普通方式开启车门。

机械钥匙

图4.22 汽车钥匙

3）启动过程

新款奥迪A5采用了全新的接线端控制和发动机起动操作理念。当钥匙插入电子点火锁（常开触点）中时，电子点火锁只有两个不同的位置：静止位置、压入位置。这两个位置足够对接线端进行控制。汽车钥匙启动过程的相关逻辑关系如图4.23所示。

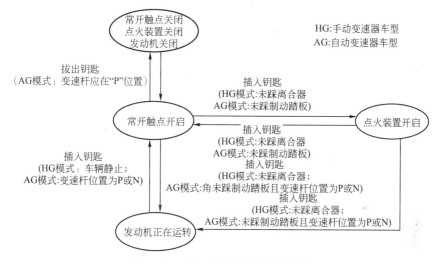

图4.23 汽车启动过程逻辑关系图

配有"高级钥匙"的车型具备发动机紧急停机功能。使用启动/停止键执行紧急停车操作需满足两个条件：未踩下制动踏板；车辆行驶速度低于10km/h。

配有"高级钥匙"的车型使用启动/停止键一键启动过程如图4.24所示。

（1）驾驶员将使用和启动授权键（E408）完全按下，这个按键将"点火开关接通"和"发动机启动"的信息发送到舒适系统中央控制单元（J393）上〔"新"舒适系统中央控制单元（J393）包括了所有功能：智能进入启动控制单元（J518）、用于智能无钥匙进入系统（J723）的天线读取单元所有功能〕并读取启动/停止键信息。

（2）启动/停止键信息通过数据线传至控制单元，将这两个信息进行比较。

（3）J393将钥匙查询信息，发送给使用授权天线读入通过所有的启动授权天线将一个信号发送给车钥匙。

（4）车钥匙根据这个信号来确定钥匙在车上的位置，并将其信息发送给中央门锁/防盗警报装置天线(R47)。

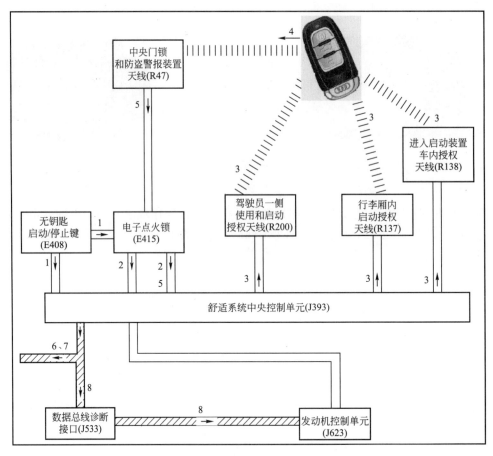

图 4.24 高级钥匙一键式起动过程

(5) 中央门锁/防盗警报装置天线收到这个信息，然后将该信息送到电子点火锁(E415)。

(6) 根据钥匙的使用情况，S 触点信号就被发送到舒适 CAN 总线上，转向系统开锁[接线端 S 通过启动/停止键激活时，控制单元(J764)对转向柱进行解锁]。

(7) 转向锁完全打开后，接线柱 15 接通。如果转向柱成功解锁，该信息将通过导线将"接通接线端 15"的信息传递给 J393；在 E LV 解锁期间，启动信号导线始终保持激活状态。发送允许指令后，J393 将激活接线端 15 的继电器。

(8) 接线柱 15 接通后，发动机控制单元与使用和启动授权控制单元之间开始经 CAN 总线进行数据交换，然后防盗系统被停用。

(9) 使用和启动授权控制单元将"启动请求"信号发送给发动机控制单元。发动机控制单元检查离合器是否已踏下或是否已挂入 P 或 N 挡(自动变速器车)，然后自动起动发动机。

4) 发动机起动时防盗系统的工作流程

使用电子点火锁中的汽车钥匙起动发动机的过程：

(1) 检测到常开触点后，汽车钥匙将和舒适系统控制单元(J393)互换防盗数据，然后

J393 确定该钥匙是否通过车辆认证。

（2）J393 与电子转向柱锁控制单元(J764)互换防盗数据，若该转向柱锁已在该车辆上经过匹配，那么 J393 将激活 J764。

（3）J393 将接线端 15 连接起来。

（4）接线端 15 连接后，J393 会与发动机和变速器控制单元进行通信，若这些设备同样适用于该车辆，则可起动发动机。

4.3.2　通用车系防盗系统

美国通用(GM)公司旗下的卡迪拉克、别克、雪佛兰、欧宝等几大车系装备的车载防盗系统从 1985 年以来也各不相同，其中常见的防盗系统有 PASS‑KEY、PASS‑KEY Ⅱ、PASS‑LOCK、PASS‑KEY Ⅲ 及 IMMO 五种防盗系统。

1. PASS‑KEY 防盗系统

在 1992 年之前的带有防盗系统的 GM 车辆，基本采用这种防盗系统，典型车型如 1985—1992 款式卡迪拉克-帝威、赛威、别克-皇朝、世纪等部分车辆。

该防盗系统主要由带有阻值的点火钥匙、发动机控制模块(ECM)、PASS‑KEY 防盗模块(Theft Deterrent Module，TDM)、点火开关及相关线路等一些附件组成。

其工作原理是，只有当打开点火开关时，PASS‑KEYTDM 和发动机控制模块(ECM)接受到点火开关打开的 15 号电源信号线，然后进行点火钥匙检测。如果插入点火锁芯钥匙的阻值与 PASS‑KEY 模块的设定值相对应，则自检通过时，熄灭防盗灯；如果实际阻值与设定值不同，一般情况下故障出现会产生故障码，点亮防盗灯，同时 TDM 传输给 ECM 一个禁止起动信号(切断燃油喷射)并控制起动线路断路，禁止发动机起动。第一代防盗系统的故障灯(SECURITY)状态只有两种：点亮(存在故障)和熄灭(系统正常)；但是在发动机运行中，防盗控制模块并不监视点火钥匙的阻值(即不进行防盗控制)，只在每次打开点火开关后检测一次。

对于点火钥匙的判定系统，实际上防盗控制模块并不直接检测点火钥匙的电阻，而是先由 TDM 提供一个基准的 5V 电源线，再根据串接在信号线上点火钥匙的电阻而产生电压信号(注意，不同的电阻会产生不同的电压信号)，然后此电压信号与标准的电压相比较(注意，该电压可以不是一个固定值而能一个较小的范围变动，即允许电阻因磨损有一定的误差)，通过比较之后防盗控制模块判断出该点火钥匙是否为合法的钥匙，并且做出不同的反应。若通过检测提供给起动继电器一个低电位，并为 ECM 提供喷油信号同时断开仪表盘上的防盗指示，反之亦然。该 PASS‑KEY 防盗系统的典型控制电路如图 4.25 所示。

2. PASS‑KEY Ⅱ 防盗系统

PASS‑KEY Ⅱ 防盗系统是在 PASS‑KEY 防盗系统的基础上改进、延伸的防盗系统，所以又可以称为第二代车载防盗系统 PASS‑KEY Ⅱ。

1993 年以后装有防盗系统的 GM 车辆，开始采用 PASS‑KEY Ⅱ 防盗方式。该防盗系统又可以分为两种：一种是由 TDM 控制的防盗系统 PASS‑KEY Ⅱ；另一种则是直接由车身控制模块(BCM)控制的防盗系统 PASS‑KEY Ⅱ＋。

由 TDM 进行控制的 PASS‑KEY Ⅱ 防盗系统主要应用在 1993 年以后的 GM 车辆上，

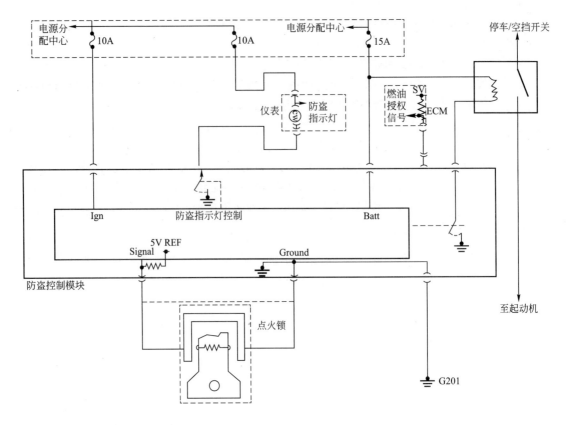

图 4.25   PASS－KEY 防盗系统的典型控制电路

如卡迪拉克-弗利伍德、卡迪拉克-赛威、别克-路霸等车辆上；而应用 BCM 进行防盗控制的 PASS－KEY Ⅱ＋防盗系统则多应用在 1997 款以后的 GM 车系，如卡迪拉克-帝威、别克-皇朝以及上海别克-新世纪等车辆上。

PASS－KEY Ⅱ防盗系统的组成与第一代的防盗系统基本相同，主要由带有阻值的点火钥匙、动力控制模块(PCM)、PASS－KEY ⅡTDM 或 BCM、点火开关及相关线路等一些附件组成。

由于第二代的 PASS－KEY 是由第一代的基础上改进、延伸的新型防盗系统，所以工作原理基本上相同，而第二代的防盗系统又有两种形式，PASS－KEY Ⅱ及 PASS－KEY Ⅱ＋系统。

1) 由 TDM 进行防盗控制的 PASS－KEY Ⅱ防盗系统

由 TDM 进行防盗控制的 PASS－KEY Ⅱ防盗系统是原 PASS－KEY 防盗系统的升级替代版本，其防盗原理中的信号接受、判断基本相同，但是防盗控制模块输送给动力控制模块(PCM)的燃油喷射信号不是简单接地信号而是一种变化的数字脉冲信号，从而达到更加安全的防盗效果。

该 PASS－KEY Ⅱ防盗系统的自检状态也不仅只在点火开关打开时进行自检，还能在发动机运行期间同时进行自检，所以故障灯的状态有三种可能即点亮、熄灭和闪烁。其中，熄灭代表系统正常；起动时点亮后则禁止起动车辆；在行驶过程中自检时出现故障，防盗系统指示灯则以闪烁的方式提醒驾驶员应尽快维修,但是此时仍然可以继续行驶。

另外,应注意 PASS‐KEY Ⅱ 防盗系统具有诊断功能,能够在点亮故障灯的同时记录相应的故障码,同时能更方便地使用诊断工具进行诊断。此种防盗控制模块进行防盗控制的 PASS‐KEY Ⅱ 的典型电路如图 4.26 所示。

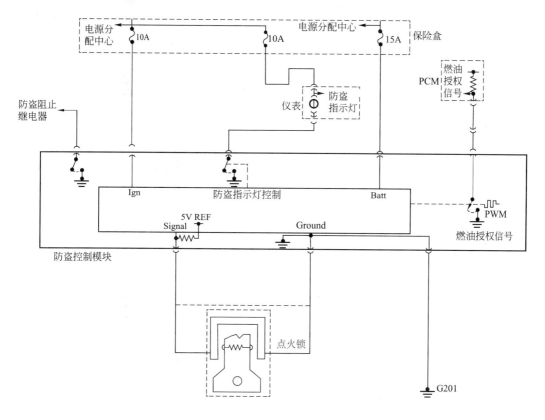

图 4.26 PASS‐KEY Ⅱ 防盗系统的典型电路

2)由 BCM 进行防盗控制的 PASS‐KEY Ⅱ＋防盗系统

同样,该防盗系统的点火钥匙判定方法与上述原理一致,但是之后 BCM 对判定结果的传输更为先进、防盗性能更佳。BCM 判定结果不再采用以前系统中每一个信号单独一根导线传输的做法,而是与车载的二级数据传输总线相连,通过一根信号传输线同时将起动、喷油信号传输给 PCM,并将故障指示灯的状态传输出给仪表盘,使得防盗系统的数据传输更为复杂,防止模拟起动车辆,所以安全防盗性能更佳。

由 TDM 进行防盗控制的 PASS‐KEY Ⅱ 防盗系统,对点火钥匙的阻值是没有再学习的功能,即无法改变原车设定的阻值(钥匙号不能进行再学习)。部分车辆经过改造后,设计成 BCM 进行防盗控制的 PASS‐KEY Ⅱ＋防盗系统,除了具备上述 PASS‐KEY Ⅱ 防盗系统的所有功能外,还能够执行 10min(由诊断仪操作)或 30min(手动操作)再学习功能,使原来防盗系统设定发射器钥匙的阻值发生改变。这样就达到了节省成本的目的,如果出现一把钥匙丢失,不必再次更换整个防盗系统而只需要通过改变阻值来达到防盗功能,以达到节省成本的效果。

此种由 BCM 进行防盗控制的 PASS-KEY II＋，其典型电路如图 4.27 所示。

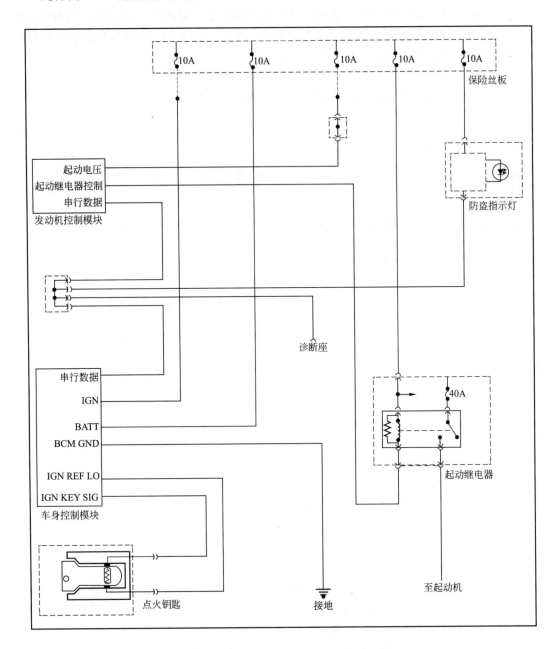

图 4.27　PASS-KEY II＋防盗系统电路图

3. PASS-KEYI III 防盗系统

别克第三代防盗系统仍属一种固定码防盗系统，与 PASS-KEY II 防盗系统相比，取消了钥匙上的电阻片，取而代之的是电子收发芯片。PASS-KEY II 防盗系统钥匙码重复的概率为 1/15，而 PASS-KEY III 防盗系统钥匙码重复的概率约为三万亿分之一。与第二代一样，第三代防盗系统也分为由 TDM 进行防盗控制的 PASS-KEY III（PK3）防盗系统和由 BCM 进行防盗控制的 PASS-KEY Ⅲ+防盗系统。

1) 以 TDM 进行防盗控制的 PASS-KEY Ⅲ防盗系统

以别克-君威为例，介绍其工作原理。与以往的别克汽车不同，别克-君威汽车发射器钥匙能够用来打开车门；同时，在钥匙的内部装有防盗芯片，属于 PASS-KEY Ⅲ防盗系统，如果用没有芯片但齿形相同的钥匙或内有芯片、齿形也相同但芯片没有匹配的钥匙试图启动车辆，发动机将不能起动。发射器钥匙如图 4.28 所示。别克-君威最多可为车辆配备 10 把钥匙。如需添加钥匙，可从上海通用订制一把带有芯片的钥匙。首先用正常钥匙起动发动机，然后关闭并拔出钥匙，在 10s 内将欲编程的钥匙插入点火锁并转至 RUN(运行)位置，编程后，仪表上的 SECURITY(安全)指示灯会熄灭(因编程迅速，SECURITY 指示灯可能不太明显)，说明钥匙编程成功。要编程多把钥匙，重复上述步骤即可。

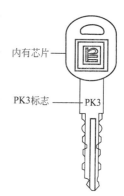

别克-君威采用了可编程电动门锁，能够自动锁住和打开车门，以加强安全性。这种特性提供了四种操作模式。

模式 1：取消自动锁门或开锁。

图 4.28　发射器钥匙

模式 2：当变速杆从 P 挡拨出时，自动锁住全部车门。

模式 3：当变速杆从 P 挡拨出时，自动锁住全部车门；当变速杆移入 P 挡时，门锁能自动打开。

模式 4：当变速杆从 P 挡拨出时，自动锁住全部车门；当变速杆移入 P 挡时，仅驾驶员侧门锁自动打开。

注：在模式 2、模式 3、模式 4 中，如果变速杆不在 P 挡或 N 挡且踩住制动踏板，打开车门后再关上，则门锁自动锁住。

驾驶员可以变换自己需要的电动门锁模式，方法是发射器钥匙转到 RUN(运行)位置，踩住制动踏板，按下电动门锁开关不松手，将变速杆从 P 挡拨出再移入，每次完成这种操作顺序后，电动门锁将从现有模式切换到下一个模式。同时，电动门锁按此模式共作，向驾驶员提供现有模式信息。其典型电路如图 4.29 所示。

2) 由 BCM 进行防盗控制的 PASS-KEY Ⅲ+防盗系统

由 BCM 进行防盗控制的 PASS-KEY Ⅲ+防盗系统主要由 BCM、PCM、发射器钥匙(应答器)、防盗指示灯等组成。系统由防盗模块控制，当发射器钥匙插入并打开时，钥匙上的应答器被点火锁芯上的线圈激活，发送一个特定的代码给 TDM，TDM 将这个代码与它内部所储存的代码进行对比。如果代码正确的话，TDM 再发送给应答器一个随机产生的数值，这个数值在 TDM 内和应答器内同时计算。如果两个计算出的数值相等，则 TDM 给 ECM 一个可以喷油的命令，否则 ECM 不会喷油。其典型电路如图 4.30所示。

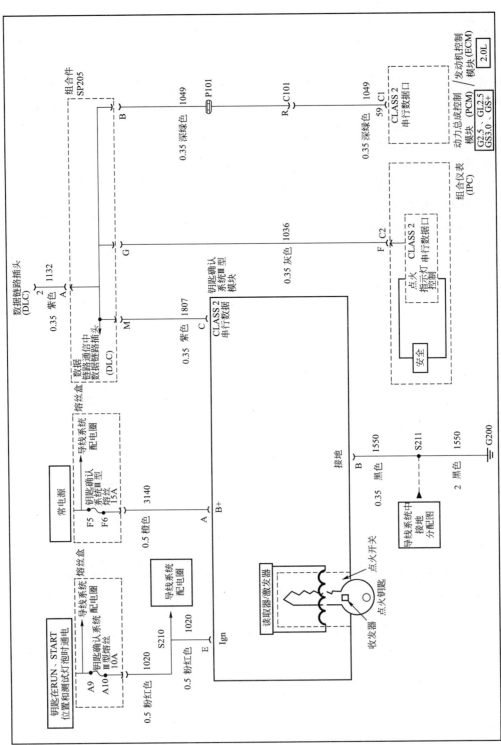

图 4.29 PASS－KEY Ⅲ 防盗系统电路

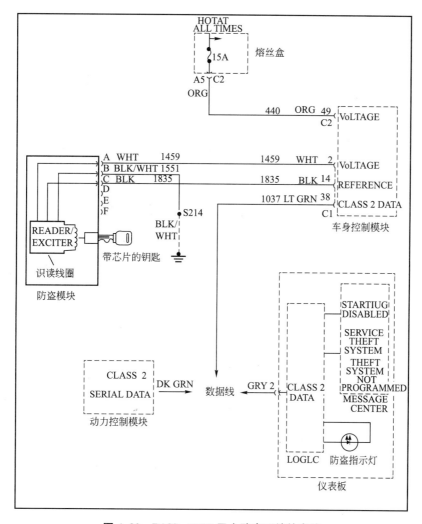

图 4.30 PASS‐KEY Ⅲ＋防盗系统的电路

4.3.3 韩国现代汽车发动机防盗锁止系统(SMARTRA)

从 2007 年开始，韩国现代汽车采用了第三代发动机防盗锁止系统（SMARTRA 3）。其与第二代防盗系统(SMARTRA 2)的比较如表 4.1 所示。

表 4.1 韩国现代汽车第二代与第三代防盗系统比较

	SMARTRA2	SMARTRA3
作用	按 ECU 的要求把发射器发出的信号传递给 ECU	按 ECU 的要求把发射器和 SMARTRA 3 的信号传递给 ECU
信号储存状态	只储存在 ECU 中	储存在 SMARTRA 和 ECU 中
学习	不能学习	必须学习

	SMARTRA2	SMARTRA3
重复使用	不用学习直接重复使用(再使用)	先初始化 SMARTRA 后才能重复使用(再使用)
互换性	适用 SMARTRA 2 的系统上能使用 SMARTRA 3,但是不能逆向互换使用(SMAR-TRA 2、SMARTRA 3 自动识别)	
识别过程	(1) 点火开关在 ON 位置时,ECU 向 SMARTRA2 要求传递发射器信号。 (2) ECU 接收信号后与储存的信号一致时再把保安信息通过 SMARTRA 2 传递给发射器。 (3) 接到保安信息的发射器根据保安信息输出密码再通过 SMARTRA 3 传递给 ECU。 (4) 密码一致时可以起动发动机	(1) 点火开关在 ON 位置时,ECU 向 SMARTRA 3 要求传递发射器信号及 SMARTRA 3 的保安信息。 (2) SMARTRA 3 把发射器发出的信号和 SMARTRA 3 的密码传递给 ECU。 (3) ECU 接收的密码与储存密码一致时,通过 SMARTRA 3 向发射器传递保安信息。 (4) 接到保安信息的发射器根据保安信息输出密码再通过 SMARTRA 3 传递给 ECU。 (5) 密码一致时可以起动发动机

第二代防盗系统的工作过程如图 4.31 所示,SMARTRA 2 仅为通信中介,发动机起动步骤如下。

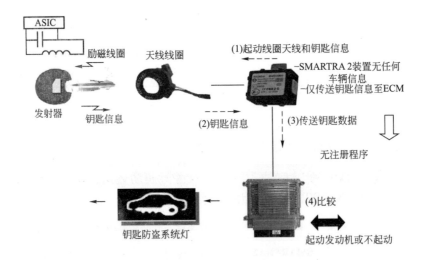

图 4.31　第二代防盗锁止系统的工作过程

(1) 点火开关在 ON 位置时,ON 信号输入到发动机管理系统(EMS)。

(2) EMS 通过 SMARTRA 2 向发射器请求发射器的 IDE。

(3) 发射器通过 SMARTRA 2 向 EMS 传送发射器的 IDE。

(4) EMS 对通过 SMARTRA 2 接收的发射器 IDE 与储存在 EMS 的 IDE 进行比较。

（5）如果第（4）项上比较的 IDE 相同，EMS 通过 SMARTRA 2 向发射器传送随机编码，同时用密码化程序把随机编码转换为密码。

（6）发射器把随机编码转换为密码，并通过 SMARTRA 2 向 EMS 传送。

（7）EMS 把接收的密码与转换为密码的编码进行比较。

（8）如果比较结果为相同，EMS 解除锁止状态，允许发动机起动。

第三代防盗系统的工作过程如图 4.32 所示。SMARTRA 3 也储存密码，发动机起动步骤如下。

（1）点火开关在 ON 位置时，ON 信号输入到 EMS。

（2）EMS 请求发射器 IDE 和 SMARTRA 3 随机编号，同时用 BOSCH 密码化程序把随机编码转换为密码。

（3）SMARTRA 3 向发射器请求发射器 IDE，并从发射器接收发射器 IDE。

（4）SMARTRA 3 把发射器 IDE 和从 EMS 接收的随机编码用 BOSCH 密码化程序转换为密码，并传送到 EMS。

（5）EMS 把从 SMARTRA 3 接收的 SMARTRA 3 的随机编码与 EMS 的密码化编码及发射器 IDE 与 EMS IDE 进行比较。

（6）如果（5）的比较结果相同，以 SMARTRA 2 相同的方法与发射器的密码化编码进行比较。

（7）如果 SMARTRA 3 和发射器的所有密码比较结果相同，EMS 解除锁止状态，允许发动机起动。

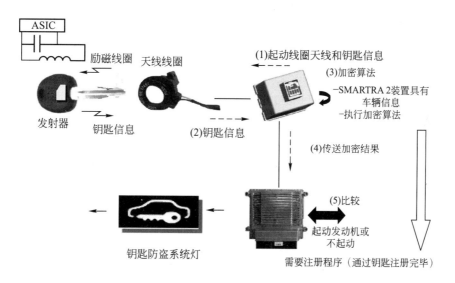

图 4.32 第三代防盗锁止系统的工作过程

韩国现代汽车第三代防盗锁止系统 SMARTRA 3 的电路如图 4.33 所示。

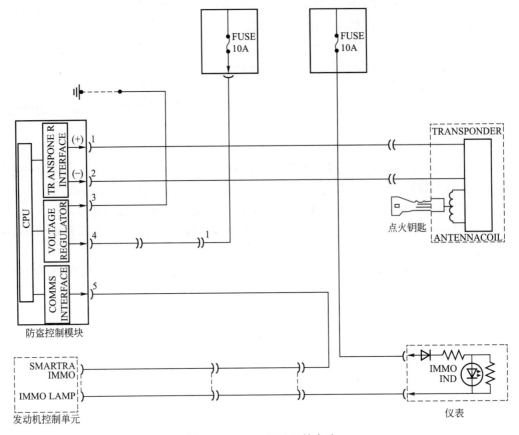

图 4.33 SMARTRA 3 的电路

 习　题

1. 发动机防盗系统由哪几部分组成?

2. 大众车系第二代防盗系统与第三代防盗系统有什么区别?

3. 简述大众第三代防盗系统的认证过程。

4. 简述通用车系第二代防盗系统的工作原理。

5. 简述韩国现代汽车第三代防盗系统的发动机起动过程。

6. 简述大众第四代防盗系统进入和启动许可开关的作用。

7. 通用车系 ASS - KEY 系统的钥匙是如何认证的?

第5章
混合动力汽车动力系统的结构与原理

本章教学目标

　　熟悉混合动力汽车基础知识；掌握混合动力汽车的分类及特点；掌握混合动力汽车动力系统的结构及工作原理；掌握丰田、大众、宝马等典型车系混合动力系统的组成、结构、工作过程。

本章教学要点

知识要点	能力要求	相关知识
混合动力汽车基础知识	掌握混合动力汽车的几种分类及特点；混合动力轿车动力系统组成及工作原理	混合动力汽车能量储存、能量传递的实现方式
典型车系丰田混合动力系统	掌握丰田凯美瑞混合动力系统的组成、结构特点及工作原理	丰田车系混合动力系统的发展历程、先进应用技术
典型车系大众混合动力系统	掌握大众Q5汽车混合动力系统的组成、结构特点及工作原理	大众车系混合动力系统的发展历程、先进技术
典型车系宝马混合动力系统	掌握宝马X6 E72汽车混合动力系统的组成、结构特点及工作原理	宝马车系混合动力系统的发展历程、先进技术

5.1 混合动力系统基础

混合动力汽车(HEV)能够克服汽油机驱动传统汽车和纯电动汽车的缺点。与汽油机驱动传统汽车相比，它的优点包括能够获得最佳燃油经济性和达到降低排放的效果；而与纯电动汽车相比，它能够增加续航里程、缩短充电时间以及减小电池尺寸(当然也降低了成本)。然而混合动力汽车仍然面临诸多挑战，如比传统汽车更高的成本、由高功率元件引起的电磁干扰以及由零部件的增加和汽车控制、能量管理等引起的安全和可靠性隐患。混合动力系统面临的挑战归纳如下。

(1)电力电子和电动机：有关电力电子和电动机的问题经常提及，但是电力电子应用于汽车环境却面临新的挑战。汽车工作环境条件，如极端高温和低温、振动、冲击和瞬时响应等，与电力电子变换器和电动机的常用工作环境相比大不相同。HEV在电力电子方面面临着包装、尺寸、成本和热管理等诸多挑战。

(2)电磁干扰：电力电子和电动机的高频切换和高功率运行会产生大量的电磁噪声，如果不能很好地处理，则会干扰汽车其他系统的工作。

(3)储能系统：储能系统是HEV和PHEV面临的主要挑战。传统的蓄电池很难满足良好性能所需的脉冲功率和能量容量。在汽车上应用，其使用寿命和耐极端条件也非常关键。目前，大部分HEV应用的是镍-氢电池，而PHEV则主要使用锂电池。当主要考虑功率需求时，超级电容器在一些特殊的情况下也被应用，同时飞轮也受到关注。目前储能系统主要的局限性在于较小的功率密度、有限的使用寿命、高昂的成本以及潜在的安全问题。

(4)再生制动控制：回收制动过程中的动能是HEV和PHEV的一个重要特点。然而，当考虑制动安全和制动性能时，再生制动和液压制动系统之间的协调却是一个大的挑战。

(5)能量管理和车辆控制：HEV使用多个驱动零部件，不同的零部件之间需要较好的协调。因此对于HEV，能量管理是整车控制的一个关键问题。在HEV上，一个最优的整车控制器有助于获得更好的燃油经济性。

(6)热管理：与汽油发动机汽车相比，电力电子、电动机和蓄电池的正常工作温度要低得多，在HEV上，独立的冷却系统是必需的。

(7)建模和仿真、车辆动力学、汽车设计和优化：由于HEV的零部件增加，使得在相同的空间里布置这些零部件变得很困难，与之相联的车辆动力学、汽车设计、建模和仿真也是一种挑战。

1. 根据混合度情况分类

HEV由内燃机和电力驱动系统组成，通常包含两种以上的能量储存设备或动力源。与传统汽油发动机汽车相比，HEV意味着更高的燃油经济性和更低的污染排放。HEV通过合理地组合内燃机和电力驱动系统，最大限度发挥两者的优点。在HEV中，内燃机主要用于稳态运行，而电动系统主要用于动态调节。HEV的几个优点如下：

(1)利用传统汽车上所不具有的技术提高效率，如再生制动技术。

（2）通过减少发动机怠速运行时间使发动机工作在高效区，以获得更好的燃油经济性。

（3）由于电动机特性能够更好地与道路负载匹配，因此具有更好的行驶性能。

（4）有助于减少温室气体的排放。

（5）减少了化石燃料的消耗。

根据混合度情况分 HEV 分为三种形式：微混合动力驱动式、中混合动力驱动式、完全混合动力驱动式。

1）微混合动力驱动

使用这种驱动结构，电动部件（起动机、发电机）只用来执行起动-停止功能。一部分动能在制动时又可作为电能使用（能量回收）。微混合动力汽车不能以纯电动方式驱动车辆行驶，12V 蓄电池的特性针对频繁起动发动机这个特点做了匹配，如图 5.1 所示。

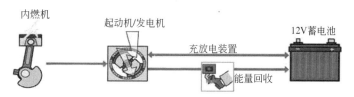

图 5.1　微混合动力驱动

2）中混合动力驱动

中混合动力驱动汽车在技术上和部件方面都与完全混合动力驱动一样，只是不能以纯电动方式驱动车辆行驶，它也有能量回收、起动-停止及助力功能。

3）完全混合动力驱动

将一台大功率电动机与内燃机组合在一起，可以以纯电动方式来驱动车辆行驶，一旦条件许可，该电动机会辅助内燃机工作；车辆缓慢行驶时，是纯粹通过电动方式来提供动力的；可以实现起动-停止功能和能量回收功能，用以给高压蓄电池充电；内燃机和电动机之间有一个离合器，通过它可以断开这两个系统；内燃机只在需要时才接通工作，如图 5.2 所示。

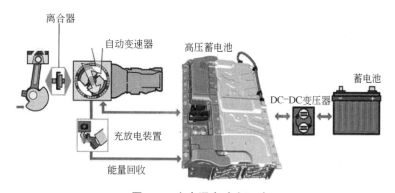

图 5.2　完全混合动力驱动

2. 根据动力传动系统的构型分类

根据动力传动系统的构型，HEV 可以被分为串联式、并联式、混联式、复合式、插电式几类。在本章中，将主要介绍串联式和并联式 HEV 的基本原理。

1）并联式 HEV

并联式结构的特点是简单、能量输出混合在一起，内燃机和电动机各自的功率加起来即是总功率。这种机构设计可以充分利用原车上的布置方式。对于四轮驱动车辆来说，并联式混合动力结构可以将动力分配到四个车轮上。

如图 5.3 和图 5.4 所示为并联式 HEV 的结构布置图。在并联式 HEV 中，内燃机和电动机均可以将动力传递至车轮，内燃机和电动机通过一些机械元件耦合后与主减速器相连，这些耦合机构有离合器、输送带、带轮和齿轮等。内燃机和电动机既可以将动力同时传递给主减速器，也可以单独传递；另外，电动机可以用作发电机，回收内燃机的部分能量或者制动时的动能。并联式 HEV 具有两个驱动源——内燃机和电动机，因此具备如下的工作模式。

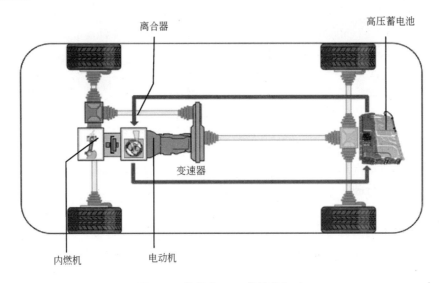

图 5.3　并联式 HEV 的结构（一）

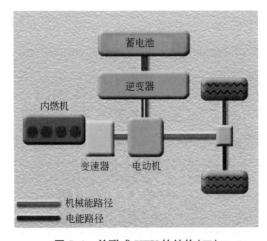

图 5.4　并联式 HEV 的结构（二）

（1）电动机单独工作模式：当蓄电池电量充足，并且车辆需求功率较小时，发动机关闭，电动机和电池提供能量驱动汽车。

（2）共同工作模式：当车辆需求功率较大时，发动机起动，与电动机一起驱动汽车。

（3）发动机单独工作模式：当车辆在高速公路上巡航且所需功率不大时，发动机提供车辆所需的全部能量，电动机保持低速运转。这主要是因为电池的SOC（荷电状态）已经很高了，车辆的功率需求阻止发动机关闭，或者是因为关闭发动机会降低效率。

（4）功率分配模式：当发动机起动，车辆的需求功率较小并且电池的SOC较低时，发动机的部分功率会由发电机转化为电能，被用来为电池充电。

（5）停车充电模式：当汽车停止时，发动机带动电动机发电，此时电动机被用作发电机为电池充电。

（6）再生制动模式：电动机被用做发电机将汽车的动能转化为电能存储在蓄电池中。注意，再生制动时，发动机可能会照常运转，以便能更快地为蓄电池充满电（主驱动电动机处于发电状态），同时提供相应的转矩，即与总的电池输入参率相匹配。在这种情况下，发动机和电动机控制器应当能够很好地协调工作。

2）串联式 HEV

车辆只通过电动机来驱动，内燃机与驱动轴是没有机械连接的。内燃机带动一个发电机，该发电机在车辆行驶时为电动机供电或者给高压蓄电池充电。

如图 5.5 和图 5.6 所示为串联式 HEV 的结构。在串联式 HEV 中，内燃机是主能源转换器，将汽油中的一次能源转换为机械能，然后利用发电机将内燃机输出的机械能转换为电能；电动机利用发电机产生的电能或者蓄电池中存储的电能驱动主减速器。电动机既可以直接接受 I/G 组产生的电能，也可以接受蓄电池的电能，或者同时接受蓄两者的电能。由于发动机和车轮未直接连接，因此发动机的转速不受车速的影响。这不仅简化了发动机的控制，更重要的是，能够允许发动机在最佳转速处工作，以获得最好的燃油经济性。同时，发动机在车上的布置更加灵活。在串联式 HEV 上，传统的机械式变速器不再是必需的。基于不同的工作条件，串联式 HEV 上的动力元件能够以不同的组合工作具体如下。

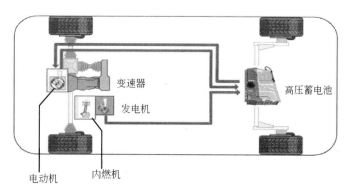

图 5.5　串联式 HEV 的结构（一）

（1）蓄电池单独工作：当蓄电池电量充足，并且车辆需求功率较小时，I/G 组关闭，车辆可由电池单独驱动。

（2）共同工作：在大功率需求时，I/G 组开启和蓄电池一起为电动机提供能量。

（3）发动机单独工作：在高速公路上巡航，并且车辆需求功率中等时，I/G 组开启，蓄电池既不充电也不放电。这主要是因为蓄电池的 SOC 已经很高了，车辆的功率需求阻止发动机关闭，或者关闭发动机会降低效率。

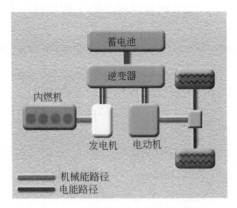

图 5.6　串联式 HEV 的结构（二）

（4）功率分配：当 I/G 组开启，车辆需求功率小于其最优功率，并且电池的 SOC 较低时，I/G 组的部分功率被用来为蓄电池充电。

（5）停车充电：车辆停止时，I/G 组为蓄电池充电。

（6）再生制动：电动机被用做发电机，将车辆的动能转换为电能，并为电池充电。

3）混联式 HEV

混联式 HEV 结合了串联式和并联式的特点，因此既能像串联式那样工作，也能像并联式那样工作，如图 5.7 和图 5.8 所示。与串联式相比，混联式在发动机和主减速器之间增加了机械连接机构，因此发动机能够直接驱动车轮。与并联式相比，混联式 HEV 增加了一个用来发电的电动机。由于混联式既能以串联模式工作，又能以并联模式工作，因此根据车辆行驶工况，能够优化它的燃油经济性和驾驶性能。混联式在控制方面有较大的自由度，因此它成为当下最常见的一种布置形式。但是，由于零部件的增多和复杂度，又使它比一般的串联式或者并联式昂贵。

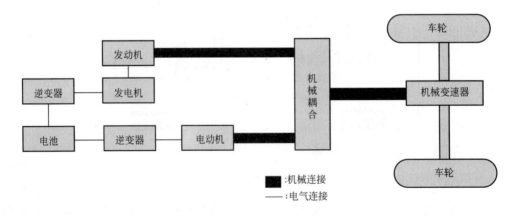

图 5.7　混联式 HEV 的结构（一）

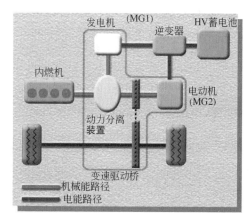

图 5.8 混联式 HEV 的结构(二)

4）复合式 HEV

复合式 HEV 通常采用行星齿轮机构和多个电动机（在四轮/全轮驱动的情况下），如图 5.9 所示。一个典型的例子如通过分离的驱动轴形式来实现这种四轮驱动（4WD）系统。其中，发电机用来实现串联式模式，控制发动机，使其工作在最大效率区；两个电动机用来实现全轮驱动，同时提高再生制动效率。通过这些零部件的进一步使用，可以集成车辆稳定性控制和制动防抱死控制。

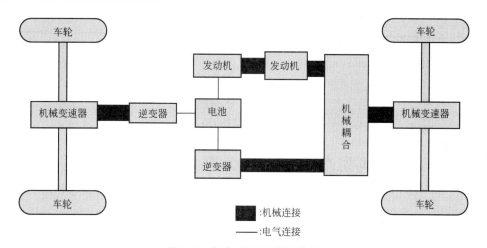

图 5.9 复合式 HEV 的结构图

5）插电式混合动力汽车

插电式混合动力汽车（Plug-in-Hybrid Electric Vehicle，PHEV）与 HEV 的不同之处在于，它允许从汽车引出一根电线插到家里或者其他地方的插座上，利用居民用电给汽车蓄电池充电。为了增加整个系统的灵活性和实用性，原则上 PHEV 能够利用发动机和蓄电池系统产生交流电，反哺公用电网。由于插电方式允许使用一定量的外部电力系统的能量来驱动汽车，因此相对于常规 HEV，PHEV 能够使用更大的电池。在 PHEV 上，大电池不是必需的，但毋容置疑，能够获得更好的燃油经济性，当充满电时，增加了续航里程。在 HEV 上，当蓄电池需要充电时，由于内燃机总能够介入，因此从设计来看，使用更大的蓄电池不一定是最佳的选择。有时候认为大电池在 PHEV 上是必需的，但实际情况可能并非如此，在汽车上，需要多大的电池取决于布置空间的大小，如果电池较小，那么 PHEV 的成本较低；反之，电池较大，成本就会很高，也需要花很长的时间利用电网充电。同样也应当注意，居民用电系统在为蓄电池系统充电时，其提供的电流大小有限制，因此有必要为插电方式设计保护装置。目前电网供能的成本比汽油的价格低得多，在一些可能的地方使用 PHEV 具有重要意义。

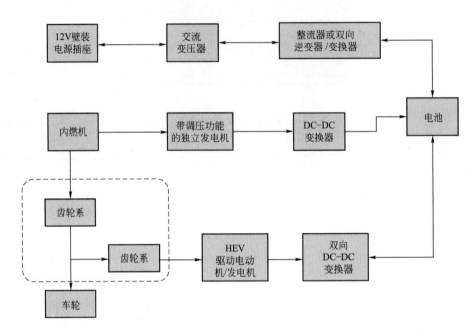

图 5.10　PHEV 架构图

5.2　典型车型混合动力系统的结构与原理

5.2.1　丰田普锐斯/凯美瑞的混合动力系统

混合动力版凯美瑞采用的是 2.4L、167hp（1hp＝745.7W）发动机，与之搭配的是一台 40hp 的电动机，二者共同组成丰田油电复合动力系统（Hybrid Synergy Drive），在不同的行驶模式下，可让车辆自动调节油电混合的比例。起步阶段可以完全由电动机驱动，回避车辆油耗最大的低速行驶阶段，做到零排放；待提升到正常车速后切换到正常的 2.4L 汽油发动机动力输出水平；在需要高性能的急加速阶段，电动机和汽油发动机共同驱动，催生最大 207hp 的输出功率，可以达到 2.8～3.0L 车型的动力水平；制动减速阶段，发动机自动停止，回收能量转化为电能储存起来。

1. 混合动力系统的组成

丰田混合动力系统主要由带转换器的逆变器总成、HV 蓄电池、混合动力传动桥等组成。丰田混合动力系统的组成如图 5.11 所示，在车辆上的布置如图 5.12 所示。

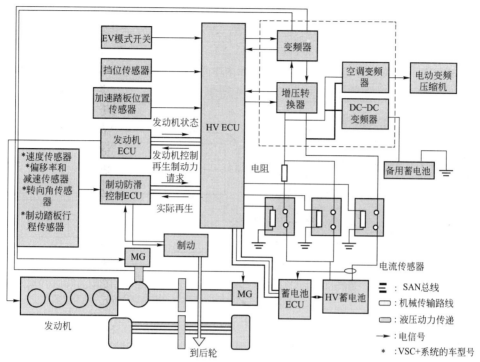

图 5.11　丰田混合动力系统的组成

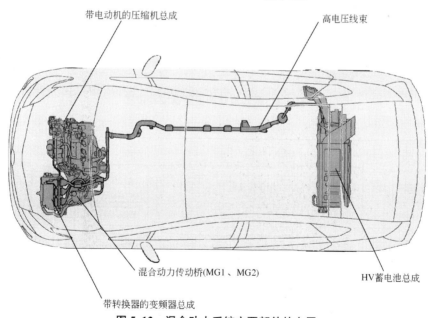

图 5.12　混合动力系统主要部件的布置

2. 主要部件的结构

1）带转换器的变频器总成

带转换器的变频器安装位置如图 5.13 所示。其功能主要是根据 HV ECU 提供的信号，变频器将 HV 蓄电池的直流电（DC）转换为交流电（AC）给 MG1、MG2 供电，或执行相反的过程。此外，变频器将 MG1 的交流电提供给 MG2。但是，电流从 MG1 提供给 MG2 时，电流在变频器内转换为直流电。根据 MG1、MG2 发送的转子信息和从蓄电池 ECU 发送的（如 HV 蓄电池 SOC 等）信息，HV ECU 将信号发送到变频器内部的功率晶体管来转换 MG1、MG2 定子线圈的 U、V 和 W 相。关闭 MG1、MG2 的电流时，HV ECU 发送信号到变频器。变频器控制系统如图 5.14 所示。

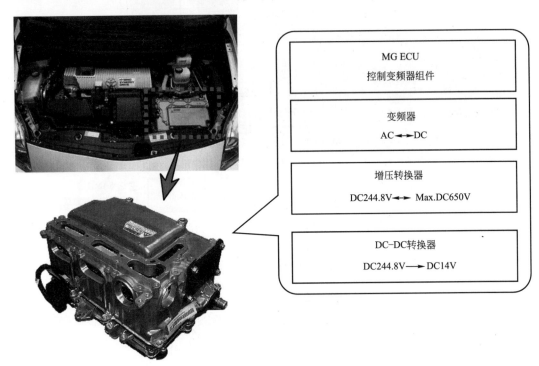

图 5.13　带转换器的变频器安装位置

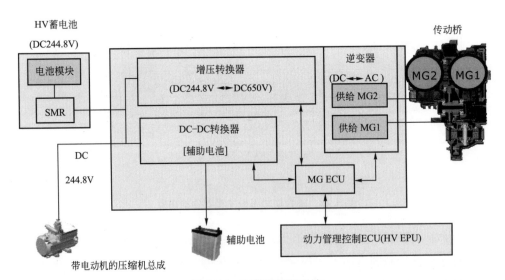

图 5.14　变频器控制系统

逆变器将高压直流电(来自 HV 蓄电池)转换为交流电(用于 MG1 和 MG2),反之亦然(将交流电转换为直流电)。

增加转换器将 HV 蓄电池最高电压从直流 244.8V 升高为直流 650V,反之亦然(将直流 650V 降低为直流 244.8V)。电压转换如图 5.15 所示。

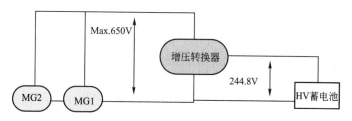

图 5.15 电压转换

2)HV 蓄电池总成

HV 蓄电池总成的工作电压为 288.8V,总计由 34 个电池模块组成,每个电池模块又由 6 个 1.2V 的电池单元组成,即 244.8V (7.2V×34),其结构如图 5.16 和图 5.17 所示。

图 5.16 HV 蓄电池结构(一)

1—HV 蓄电池(电池模块);2—电池智能单元;3—HV 电池冷却风扇(无电刷);4—服务插销连接器

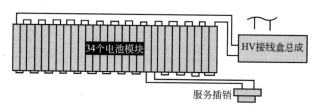

图 5.17 HV 蓄电池结构(二)

3)混合动力驱动桥

混合动力驱动桥装置主要包括变速驱动桥阻尼器、MG1、MG2、行星齿轮组和减速装置(包括无声链、中间轴主动齿轮、中间轴从动齿轮、主减速器小齿轮和主减速器环齿轮)。行星齿轮组、MG1、MG2、变速器驱动桥阻尼器和主动链轮都安装在同一根轴上,动力通过无声链从主动链轮传输到减速装置，如图5.18和图5.19所示。

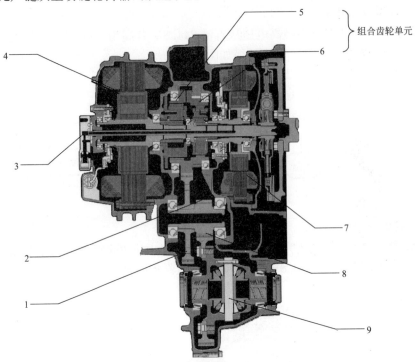

图5.18　混合动力驱动桥的内部结构

1—中间轴齿轮；2—主减速驱动齿轮；3—油泵；4—MG2；5—电动机减速行星齿轮；
6—动力分配行星齿轮；7—MG1；8—主减速从动齿轮；9—差速器小齿轮

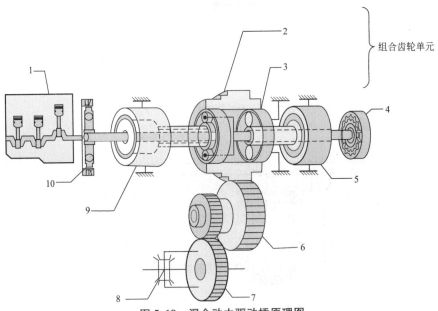

图5.19　混合动力驱动桥原理图

1—发动机；2—动力分配行星齿轮；3—马达减速行星齿轮；4—油泵；5—MG2；
6—中间轴齿轮；7—主减速从动齿轮；8—差速器小齿轮；9—MG1；10—传动桥减振器

4）HV ECU 控制器

HV ECU 根据加速踏板位置传感器发出的信号检测加速踏板行程。HV ECU 接收 MG1 和 MG2 中转速传感器提供的车速信号，并根据挡位传感器的信号检测挡位。HV ECU 根据这些信号确定车辆的行驶状态，对 MG1、MG2 和发动机的动力进行最优控制。此外，HV ECU 对动力的转矩和输出进行最优控制，以实现低油耗和更清洁的排放目标，如图 5.20 所示。

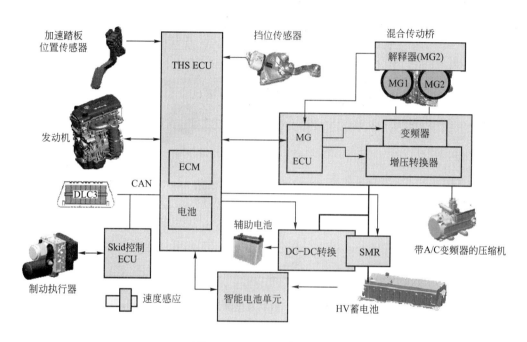

图 5.20 HV ECU 控制系统

3. 混合动力系统的工作过程

凯美瑞混合动力系统使用发动机和 MG2 提供的两种动力，并使用 MG1 作为发电机。系统根据各种车辆行驶状态优化组合这两种动力。HV ECU 始终监视 SOC 状态、蓄电池温度、水温和载荷状况。在 READY 指示灯打开且车辆处于 P 挡或车辆倒车时，如果监视项目不满足条件，则 HV ECU 发出指令起动发动机驱动 MG1 为 HV 蓄电池充电。

1）起动及低速工况

车辆起步时，当条件许可情况下，车辆仅由 MG2 驱动，此时发动机保持静止状态，MG1 以反方向旋转而不发电，动力传递流程如图 5.21(a)所示。

当需要增加驱动转矩时，MG1 将被起动，同时带动发动机起动。同样，如果 HV ECU 监视的任何参数如 SOC 状态、蓄电池温度、水温和电载荷状态与规定值出现偏差时，MG1 将起动发动机，动力传递流程如图 5.21(b)所示。

当发动机起动后，此时 MG1 功能将转换为发电机，发动机动力一部分直接输出到驱动桥，剩余动力用于 MG1 发电，动力传递流程如图 5.21(c)所示。

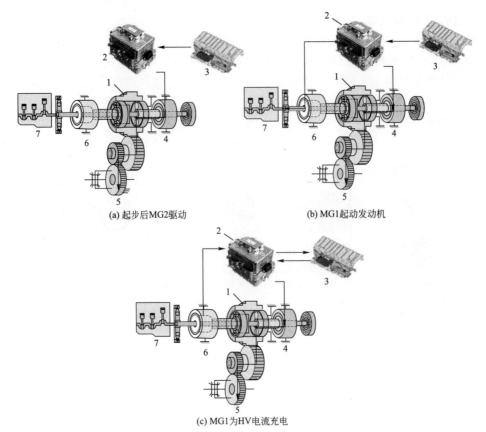

(a) 起步后MG2驱动　　　　　　(b) MG1起动发动机

(c) MG1为HV电流充电

图 5.21　起动及低速工况

1—行星齿轮组；2—变频器；3—HV电池；4—MG2；5—车轮；6—MG1；7—发动机

2）车辆微加速

车辆微加速时，发动机的动力由行星齿轮分配。其中一部分动力直接输出，另一部分动力用于 MG1 发电，发出的电力经变频器输送到 MG2，作为 MG2 的输出动力，动力传递流程如图 5.22 所示。

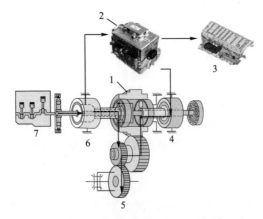

图 5.22　发动机微加速工作状态

1—行星齿轮组；2—变频器；3—HV 电池；4—MG2；5—车轮；6—MG1；7—发动机

3）低载荷巡航时

车辆以低载荷巡航时，发动机的动力由行星齿轮分配。其中一部分动力直接输出，另一部分动力用于 MG1 发电，发出的电力经变频器输送到 MG2，作为 MG2 的输出动力，动力传递流程如图 5.23 所示。

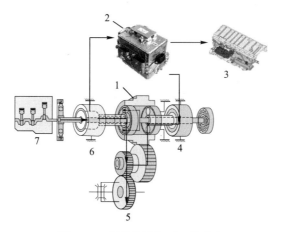

图 5.23　低载荷巡航时工作状态

1—行星齿轮组；2—变频器；3—HV 电池；4—MG2；5—车轮；6—MG1；7—发动机

4）车辆急加速时

车辆从低载荷巡航转为急加速模式时，系统将在保持 MG2 动力基础上，增加 HV 蓄电池为其提供电量的供电能力，如图 5.24 所示。

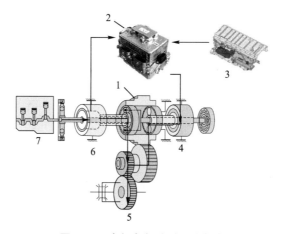

图 5.24　车辆急加速时工作状态

1—行星齿轮组；2—变频器；3—HV 电池；4—MG2；5—车轮；6—MG1；7—发动机

5）车辆减速时

车辆以 D 位减速行驶时，发动机停止工作，动力为零。此时，车辆驱动 MG2，使 MG2 作为发电机运行并为 HV 蓄电池充电。如车辆从较高速度开始减速时，发动机将以预定速度继续工作保护行星齿轮组，动力传递流程如图 5.25 所示。

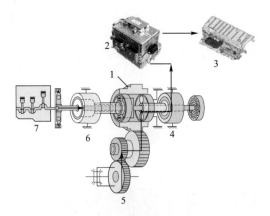

图 5.25　车辆减速工作状态

1—行星齿轮组；2—变频器；3—HV 电池；4—MG2；5—车轮；6—MG1；7—发动机

6）倒车时

车辆倒车时，仅由 MG2 为车辆提供动力。这时，MG2 反向旋转，发动机不工作，MG1 正向旋转但并不发电，动力传递流程如图 5.26（a）所示。如果 HV ECU 监视到关键控制参数如 SOC 状态、蓄电池温度、水温和电载荷状态与规定值有偏差，MG1 将被起动进而起动发动机，动力传递流程如图 5.26（b）所示。

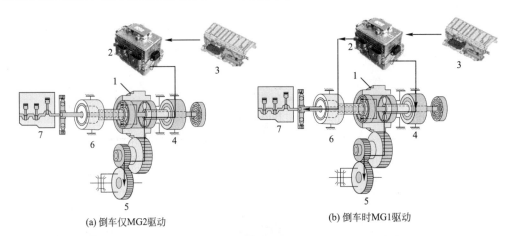

(a) 倒车仅MG2驱动　　　　　　　　　　　　(b) 倒车时MG1驱动

图 5.26　倒车工作状态

1—行星齿轮组；2—变频器；3—HV 电池；4—MG2；5—车轮；6—MG1；7—发动机

5.2.2　奥迪 Q5 混合动力系统

德国奥迪公司在混合动力技术方面已经有 20 多年经验了。奥迪公司早在 1989 年就推出了第一代 Audi duo 混合动力汽车，该车型以 Audi 100 Avant C3 车型为基础开发而来的。该 Audi duo 混合动力汽车用一台五缸汽油发动机驱动前轮，用一台 9kW（12PS）可切换电动机驱动后轮，使用镍-镉蓄电池来储存电能。两年以后，奥迪公司又推出了另一款 Audi duo 混合动力汽车，它是以 Audi 100 Avant quattro C4 车型为基础开发而来的。

在 1997 年，奥迪公司成为首家小批量生产完全混合动力汽车的欧洲汽车生产商，该款 Audi duo 混合动力汽车是以 A4 Avant B5 车型为基础开发而来的。该车型使用一台 66 kW（90 PS）的 1.9L-TDI 发动机和一台水冷式 21kW（29PS）电动机来提供动力，使用安装在车后部的铅-凝胶蓄电池来提供电能。这两种动力装置都是驱动前轮的。与前面提到的两例研究成果一样，量产的 Audi duo 混合动力汽车也是采用这种具有前瞻性的插电式设计，其蓄电池可以连接在插座上来充电。另外，其电动机在车辆减速时可以回收能量，在电动模式时，Audi duo 混合动力汽车的最高车速可达到 80km/h；要是以 TDI 发动机作为动力，其最高车速可达 170km/h。

奥迪公司在开发混合动力技术的同时，也开发了单独依靠电力即可长途行车的一系列汽车，这些车型也都采用了插电式混合动力技术，如 Audi A1 e-tron 就是纯电动动力汽车，该车型在发动机和动力前轮之间没有任何机械连接，因此 Audi A1 e-tron 是一款增程式电动汽车。

Audi Q5 hybrid quattro（奥迪 Q5 混合动力四驱）车是奥迪公司第一款高级 SUV 级的完全混合动力汽车。在经历了三代 Audi duo 混合动力汽车后，Audi Q5 hybrid quattro 是第一款采用两种动力形式的混合动力车型，这种混合动力是一种最新的高效并联式混合动力技术，其动力像 V6 发动机，油耗像四缸 TDI 发动机。该车型采用 155kW（211 PS）的 2.0L-TSI 发动机，该发动机以智能而灵活的方式与 40kW（54PS）的水冷式电动机配合工作，可以让用户享受到运动型的行驶性能，该电动机由锂离子蓄电池来供电。

1. 奥迪 Q5 混合动力系统的组成

奥迪 Q5 混合动力系统的组成如图 5.27 所示。

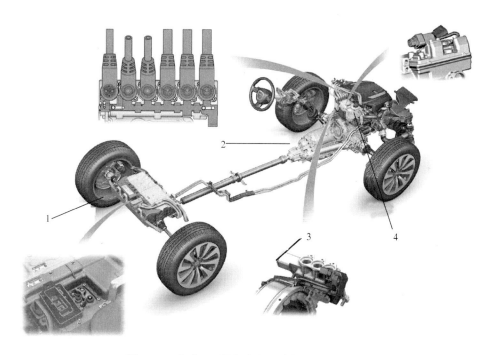

图 5.27 奥迪 Q5 混合动力系统的组成
1—混合动力蓄电池；2—变速器；3—电驱动装置电机；4—汽油发动机

1）电驱动装置的功率和控制电子系统（JX1）

电驱动装置的功率和控制电子系统（JX1）由电驱动控制单元（J841）、交流电驱动装置（VX54）、牵引电动机逆变器（A37）、变压器（A19）和中间电容器（1－C25）组成，如图 5.28 所示，性能参数如表 5.1 所示。电驱动控制单元（J841）挂靠混合动力 CAN 总线和驱动 CAN 总线上。

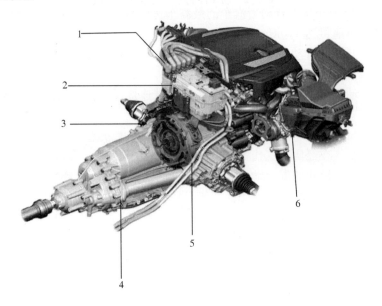

图 5.28　电驱动装置的功率和控制电子系统（JX1）

1—导线接头；2—电驱动功率和控制电子装置（JX1）；3—电驱动装置电动机（V141）；
4—自动变速器；5—混合动力蓄电池高压线束（PX1）；6—2.0l－TFSI-发动机

A37 即双向脉冲式逆变器，将高压蓄电池的直流电转换成三相交流电，供交流电动机使用。在能量回收和发电机工况时，会将三相交流电转换成直流电，用于给高压蓄电池充电。转速是通过改变频率来进行调节的，如在转速为 1000r/min 时，供电频率约为 267Hz；转矩是通过脉冲宽度调制来进行调节的。

A19 用于将高压蓄电池（266V）的直流电压转换成较低的车载电网用直流电压（12V）。

1－C25 用作电动机的蓄能器。在"15 号线关闭"或者高压系统切断（因有撞车信号）时，该中间电容器会主动放电。由于这个 DC－DC 变压器可双向工作，因此它也能将较低的车载电网电压（12V）转换成高压蓄电池的高电压（266V），该功能用于跨接起动（给高压蓄电池充电）。

空调压缩机直接连接在高压直流电功率控制电子装置上。因用于接空调压缩机的导线横截面积小于从高压蓄电池到功率控制电子装置导线的横截面积，所以在功率控制电子装置内集成了一个 30A 的空调压缩机熔丝。在能量回收时或发电机工况时，压缩机由功率控制电子装置来供电，只有在用电来驱动车辆行驶时，压缩机才由高压蓄电池供电。

功率控制电子装置有自己的低温循环管路，该管路连接在发动机冷却循环管路的冷却液膨胀罐上。冷却液通过低温循环冷却液泵按需要进行循环，低温循环管路是温度管理功能的一个组成部分，发动机控制单元负责触发该泵。

在电动驱动车辆行驶时，发动机控制单元为功率控制电子装置提供关于能量回收、发电机模式和车速方面的信息。功率控制电子装置通过电驱动装置位置传感器（1-G713）来检查转子的转速和位置，用电驱动装置温度传感器（1-G712）来检查电驱动装置电动机（V141）的冷却液温度。

表 5.1　功率控制电子装置性能参数

性能指标	具体参数
DC/AC	266V 额定，189V 有效 AC
AC 恒定电流	240A 有效
AC 峰值电流	395A 有效
AC/DC	189V 有效，266V 额定
电动机驱动	0～215V
DC/DC	266V 到 12V 以及 12V 到 266V（双向的）
DC/DC 功率	2.6kW
体积	6L

2）电驱动装置电动机（V141）

电驱动装置的电动机（V141）安装在 2.0L-TFSI-发动机和 8-挡自动变速器之间的空隙处（取代了变矩器），该电动机是永久激励式同步电动机，由一个三相场驱动，转子上装备有永久磁铁（由钕-铁-硼制成），V141 集成在 VX54 内，V141 由 J841 及电驱动功率和 JX1 来操控，通过改变频率来调节转速，通过脉冲宽度调制来调节转矩。通过功率控制电子装置来将 266V 的直流电转换成三相交流电，这个三相电可在 V141 内产生一个三相电磁场。V141 用于起动内燃机。在发电机模式时借助于电驱动功率和 JX1 内的 DC-DC 变压器来给高压蓄电池和 12V 蓄电池充电。Audi Q5 hybrid quattro 车可使用 V141 来以纯电动方式驱动车辆行驶（但是车速和可达里程是受限制的），且该电动机可在车辆加速时给内燃机提供助力。如果混合动力管理器识别出 V141 足够用于驱动车辆行驶时，内燃机就会关闭。

V141 是水冷式的，集成在内燃机的高温循环管路上。冷却液由高温循环管路冷却液泵（V467）根据需要情况分三级进行调节，该泵由发动机控制单元（J632）操控。1-G712 是一个 NTC（负温度系数）电阻，用于测量电驱动装置电动机线圈间的温度。如果这个温度高于 180℃，那么 V141 的功率降至零。重新起动发动机取决于 V141 的温度参数，必要时可通过 12V 起动机来起动。1-G713 是按坐标转换器原理来工作的，用于侦测转子的实际转速和角位置。

V141 的结构如图 5.29 所示，性能参数如表 5.2 所示。其主要部件有铸造铝壳体、内置转子［装备有永久磁铁（由钕-铁-硼制成）］、带有电磁线圈的定子、一个轴承盖（用于连接到自动变速器的变矩器上）、分离离合器、三相动力接头。

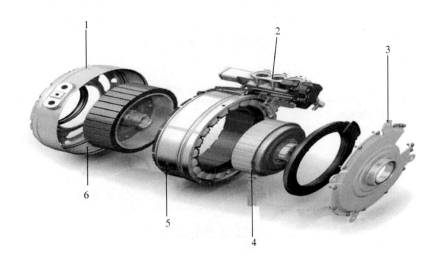

图 5.29　V141 的结构

1—冷却水套；2—三相动力接头；3—轴承盖；
4—分离离合器；5—带有电磁线圈的定子；6—内置转子

表 5.2　V141 的性能参数

性能指标	具体参数
功率/kW（相应转速）	40(2300r/min)
转矩/N·m	210
模块质量/kg	31
电动机质量/kg	26
电压/V	AC 3～145

3）混合动力蓄电池单元（AX1）

混合动力蓄电池单元(AX1)在行李箱内的备胎坑中，如图 5.30 所示，它由下述部件构成：高压蓄电池(A38)、蓄电池调节控制单元(J840)、保养插头接口(TW)、安全插头接口(TV44)、高压线束接口(PX1)、12V 车载电网接口。

在这个蓄电池壳体内，集成有用于吸入和排出冷却空气的接口。为了能在蓄电池有故障时通过一个通气软管将溢出的气体引至车底部位，在该壳体上装了一个有害气体通气管。

J840 集成在 AX1 的左侧，该控制单元与混合动力 CAN 总线和驱动 CAN 总线相连。J840 侦测高压蓄电池的温度，并通过蓄电池冷却模块来调节蓄电池冷却状况；查明并分析充电状态、格电压和蓄电池电压的信息，这些信息通过混合动力 CAN 总线传至发动机控制单元。

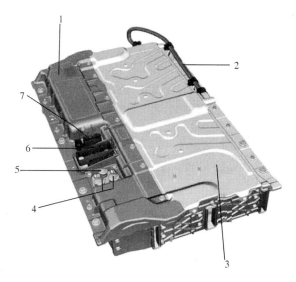

图 5.30 AX1

1—J840；2—有害气体通气管；3—AX1；4—PX1；5—安全插头接口；6—TW；7—12V 车载电网接口

表 5.3 AX1 的性能参数

性能指标	具体参数
额定电压/V	266
单格电压/V	3.7
电池格数量/个	72（串联的）
容量/Ah	5.0
工作温度/℃	15～55
总能量/kW·h	1.3
可用能量/kW·h	0.8
功率/kW	最大 40
质量/kg	38

A38 集成在 AX1 内。一个电流传感器用于在充电和放电时侦测电流，另有传感器用于侦测高压触点前、后的电压。高压触点在"15 号线接通"的情况下是闭合的；在"15 号线关闭"的情况下或者有碰撞信号时，高压触点是断开的。高压蓄电池的充电状态保持在 30%～80%，充电情况的这种限制，可以明显提高高压蓄电池的寿命。组合仪表上的蓄电池显示是以 0% 或 100% 来显示的。充电状态作为一个信息被放置在混合动力 CAN 总线上。在达到了起动能力最低极限值时（高压蓄电池充电状态低于 25%）或者是没能起动发动机，那么发动机控制单元会给仪表显示发送一个信息，随后就会显示"车辆现在无法起动"这个内容。如果充电状态低于 20%，那么就不准许有放电电流了。在纯电力驱动行驶时，高压蓄电池同时给高压电网和 12V 车载电网供电。

4）12V 车载电网

12V 车载电网取消了交流发电机 C，其功能由电驱动装置电动机来替代，无能量回收功能，由功率控制电子装置中的 DC-DC 变压器来供电。

备用蓄电池 A1(12Ah) 安装在左后侧围板内。蓄电池监控控制单元(2-J934)连接在数据总线诊断接口(J533)的 LIN 总线上。这个备用蓄电池在"15 号线接通"时由蓄电池分离继电器(J7)接通。

12V 车载电网取消了稳压器(J532)，其动能由备用蓄电池来承担。在"15 号线关闭"时，备用蓄电池不消耗电能。

辅助起动机只在特定情况下用于起动内燃机。这时蓄电池 A(68Ah)就由发动机控制单元通过起动蓄电池转换继电器(J580)来与车载供电网断开，以便将全部能量都用于起动机。断开后的车载供电网由备用蓄电池 A1 和 DC - DC 变压器来供电。要想使用 12V 辅助起动机，备用蓄电池的温度不能低于 0℃。如果高压系统无法使用的话，那么也就无法使用 12V 起动发动机。12V 车载电网如图 5.31 所示。

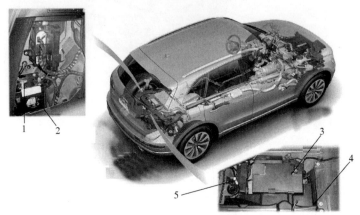

图 5.31　12V 车载电网

1—蓄电池监控控制单元；2—备用蓄电池 A1；3—蓄电池监控控制单元 J367；4—蓄电池 A；
5—高压系统线路分配器 TV1、带有蓄电池分离继电器 J7 和起动蓄电池转换继电器 J580

2. 系统功能管理

系统功能管理如图 5.32 所示。

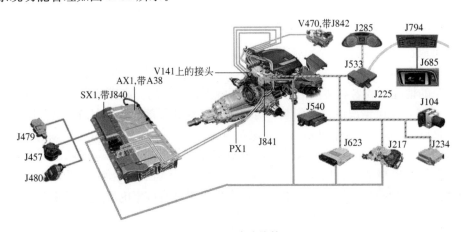

图 5.32　系统功能管理

3. 系统网络结构

系统网络拓扑图，如图 5.33 所示。

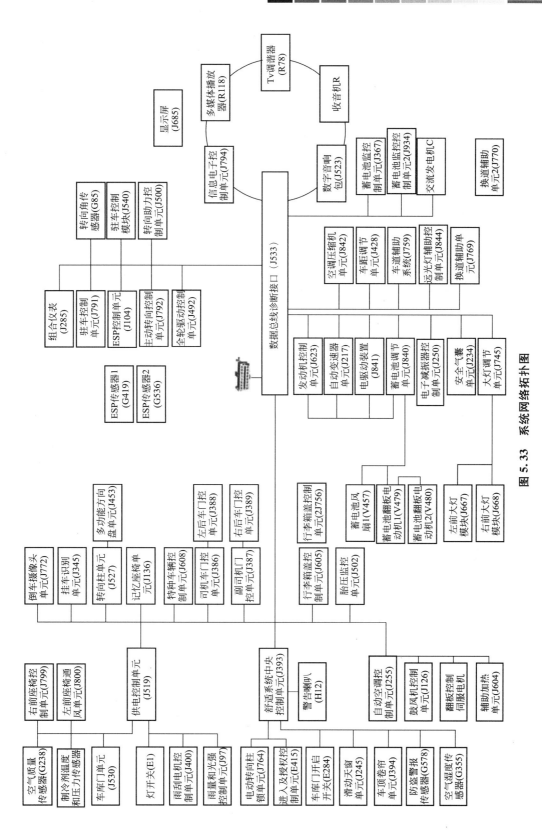

图 5.33 系统网络拓扑图

5.2.3　宝马 X6 E72 底盘汽车混合动力系统

2009 年年底，宝马(BMW)推出其第一款采用混合动力技术的量产车型 BMW Active Hybrid X6(研发代码 E72)。与目前市场上所有其他混合动力车辆不同的是，这款车型是最先采用混合动力驱动装置的全能轿跑车，不仅效率很高，其功率和敏捷性也同样出色，在动力性能方面堪为众多竞争对手的绝对标杆。除动力性外，BMW Active Hybrid X6 还能在几乎同样出色的动力性能下将 BMW X6 xDrive50i 的法定标准油耗降低 20%。

BMW Active Hybrid X6 作为全混合动力驱动的全能轿跑车结合使用 V8 汽油发动机和电动驱动装置。BMW Active Hybrid 技术能够通过纯电动方式、内燃机动力或结合使用两种驱动方式实现行驶。采用纯电动、无 CO_2 排放的驱动方式时，最高车速可达 60km/h。内燃机会根据负荷要求起动并在低于 65km/h 的滑行阶段自动关闭。

1. 宝马 E72 混合动力系统的组成

BMW Active Hybrid X6 的驱动系统由采用 BMW Twin Power 涡轮增压技术的 300 kW/407 bhp (1bhp=0.73kW) 大功率 V8 汽油发动机和 67kW/91bhp 或 63kW/86bhp 两个电动机组成，最大功率为 357kW/485 bhp，最大转矩可达 780N·m。因此 BMW Active Hybrid X6 堪称最高效的混合动力车辆。其 0~100km/h 百公里加速时间为 5.6s，在符合欧洲Ⅳ号标准要求的循环工况试验中耗油量为 9.9L，相当于 CO_2 排放量为 231g/km，系统布置结构如图 5.34 所示。

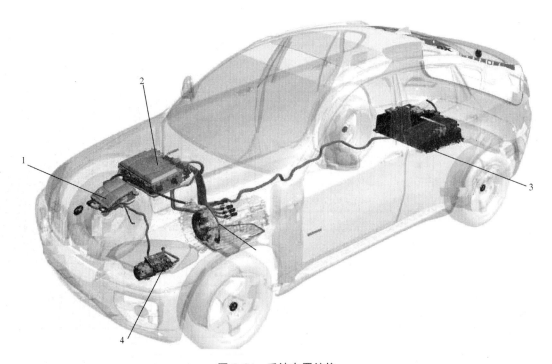

图 5.34　系统布置结构

1—辅助电源模块 APM；2—供电电控箱；3—混合动力蓄电池；4—电动空调压缩机 EKK

2．主要总成

1）双模式主动变速器

两个大功率电动机（67kW/91bhp 和 63kW/86bhp）和双模式主动变速器集成在与传统自动变速器大小相仿的壳体内。通过将两个电动机集成在 BMW Active Hybrid X6 双模式主动变速器内可实现两种驱动方式。双模式主动变速器以无级 ECVT 变速器（电动连续可变变速器）为基础，该变速器可在两种功率分支式运行状态下工作。双模式主动变速器可以明显改变电动和机械传输功率的比例。根据行驶情况，可通过电动机、内燃机或以可变比例使用两种驱动装置驱动。

（1）处于模式1时主要在低速行驶状态下，通过使用电动机显著降低耗油量，同时产生附加驱动力。

（2）处于模式2时则在高速行驶状态下降低电动传输功率，同时提高内燃机效率（通过负荷点调节）和燃油效率。处于这种模式时，两个电动机也以不同方式工作，除提供电动驱动助力和发电机功能外，还特别负责以最高效率划分挡位。

两种电动机运行模式都采用固定传动比。因此实际上有七个挡位可供使用，通过这些挡位可在确保汽车特有动力性能的同时在车辆整个运行范围内实现完全、高效的混合动力功能。

由于 E72 主动变速器具有两个 CVT 模式，因此通常也称其为双模式主动变速器。通过集成在主动变速器内的两个电动机对传动比进行电动调节。因此这两种模式也称为 ECVT，其中"E"代表"电动"。电动机作为混合动力驱动装置的主要组成部分还用于为内燃机提供支持（助力）以及回收利用制动能量。四个固定的基本挡位和两个 ECVT 模式通过三个行星齿轮箱和四个片式离合器实现或连接。

主动变速器内部结构如图 5.35 所示，主要包括以下部件：两个电动机、三个行星齿轮组、四个片式离合器。

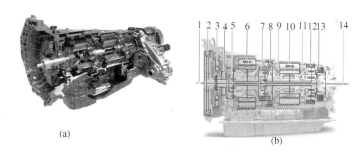

(a)   (b)

图 5.35　主动变速器内部结构

1—变速器输入轴；2—双质量飞轮；3—用于驱动变速器油泵的电动机；4—变速器油泵；
5—行星齿轮组1；6—电动机 A；7—行星齿轮组2；8—片式离合器3；9—片式离合器4；
10—电动机 B；11—行星齿轮组3；12—片式离合器1；13—片式离合器2；14—变速器输出轴

2）镍-氢蓄电池

镍-氢蓄电池（图 5.36）是全混合动力驱动装置最重要的组件之一，因为它决定了功率和可达里程。由于这种类型的蓄电池存储容量较大且比较成熟，因此目前所有全混合动力车型均采用这种蓄电池。BMW Active Hybrid X6 采用的 288V 蓄电池质量为 83kg，容量为 2.4kW·h，如图 5.36 所示。高电压蓄电池通过冷却液散热，必要时还通过空调系统冷却，因此，高电压蓄电池的冷却效率比 Lexus RX 450h 等车辆采用的传统风冷系统高得多。另外，BMW Active Hybrid X6 的蓄电池可以更加高强度地使用并实现更长久的功率输出，特别是在极端车外温度情况下。

图 5.36 镍-氢蓄电池

3. 混合动力模式时的工作原理

主动变速器的结构如图 5.37 所示。

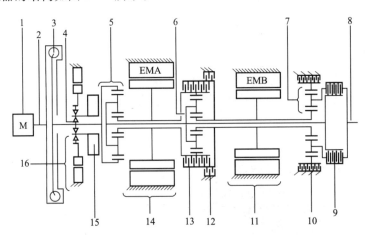

图 5.37 主动变速器的结构

1—内燃机；2—变速器输入轴；3—双质量飞轮；4—变速器油泵的机械驱动装置；5—行星齿轮组 1；
6—行星齿轮组 2；7—行星齿轮组 3；8—变速器输出轴；9—片式离合器 2；10—片式离合器 1；
11—电动机 B；12—片式离合器 3；13—片式离合器 4；14—电动机 A；
15—变速器油泵；16—用于驱动变速器油泵的电动机

1) ECVT1 模式

具有可变传动比的第一种模式（ECVT1 模式），设计用于较低车速和最大牵引力，处于该模式时可以通过以下方式驱动车辆：

（1）仅通过电动机 B。

（2）仅通过内燃机。

（3）通过电动机 B 和内燃机。

为了实现 ECVT1 模式，在主动变速器内只有片式离合器 1 接合，所有其他片式离合器均断开。以纯电动方式行驶时，电动机 A 运转时不会产生任何负荷，而电动机 B 则与之相反。这样可使变速器输入轴及内燃机保持静止状态，动力传递路线如图 5.38 所示。

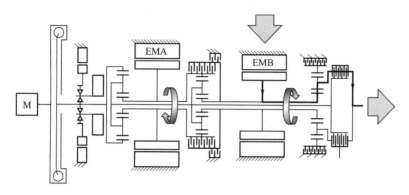

图 5.38 在 ECVT1 模式下以纯电动方式行驶时的动力传输

在 ECVT1 模式下以内燃机和电动机混合驱动时的动力传输采用内燃机和电动机 B 混合驱动方式时，动力传递路线如图 5.39 所示。内燃机功率分为两个部分，这两个部分也可以说是内燃机的功率"分支"。这就是"功率分支式混合动力"术语的来源，两个部分包括：

（1）机械部分，直接用于驱动车辆。

（2）电气部分，电动机 A 作为发电机使用并产生电量。

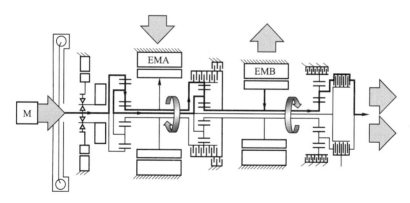

图 5.39 在 ECVT1 模式下以内燃机和电动机混合驱动时的动力传输

发电机产生的电能可以部分或完全储存在高电压蓄电池内。电动机 B 以电动机形式吸收电能。电能完全或部分来自电动机 A 或高电压蓄电池。各能量的大小取决于很多因素，这些能量由混合动力主控控制单元随时重新计算和调节。

2）ECVT2 模式

与第一种模式相反，ECVT2 模式设计用于较高车速。在 ECVT2 模式下既可以纯电动方式行驶也可以起动内燃机行驶。内燃机的传动比可以在 0.723～1.800 的范围内调节。与 ECVT1 模式下相同，电动机转速也用作控制参数。根据具体数值可以看出传动比较之 ECVT1 模式更小，因此适于较高车速。但电动机的传动比也更小，它的有效转速范围向更高速度推移。电动机可以为内燃机提供支持或用于为高电压蓄电池充电。与 ECVT1 模式相似，通常一个电动机作为电动机运行（在此为电动机 A），另一个作为发电动机运行（在此为电动机 B）。在 ECVT 2 模式下片式离合器 2 接合，所有其他片式离合器均断开。在 ECVT2 模式下的动力传输如图 5.40 所示。

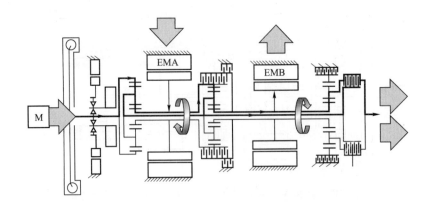

图 5.40　在 ECVT2 模式下的动力传输

在 ECVT2 模式下也可以通过控制电量流（考虑到总量）使高电压蓄电池充电（内燃机负荷点提高）或放电（为内燃机提供支持）。运行策略会在考虑最佳总效率的同时调节相应能量流。

两个 ECVT 模式的特点在于，除内燃机机械驱动路径外还有电动驱动路径。使用电动驱动路径时，内燃机借助一个发电机产生电能，这些电能完全或部分通过一个电动机用于驱动车辆。这种电动驱动路径的布置方式与串联混合动力驱动装置相同。

3）固定的基本挡位

与两个 ECVT 模式不同，对于主动变速器固定的基本挡位而言，变速器输入轴与变速器输出轴间的传动比固定不变。因此内燃机转速变化时，车速也会发生相应程度的改变。只有当内燃机不在最佳效率范围内时，该固定传动比才会体现出不利的一面。但在需要内燃机高转矩的情况下，运行策略仍会选择这些范围。此时内燃机效率已经处于非常好的状态。相对于 ECVT 模式而言，固定挡位的优势在于取消了电动驱动装置内的双重能量转换。因为通过一个电动机产生电能并通过另一个电动机使用电能也会造成相应损失。

处于所有固定的基本挡位时（除基本挡位 4 外），电动机均可以：

（1）无负荷旋转。

（2）作为电动机驱动，从而为内燃机提供支持。

（3）作为发电机驱动，从而为高电压蓄电池充电。

另外，处于固定的基本挡位 4 时，电动机 B 静止不动，因此只有电动机 A 可以灵活使用。以发电机方式运行特别适用于滑行阶段或车辆减速时，从而将动能转化为电能并存储到高电压蓄电池内。

如果忽略固定基本挡位的不同传动比，那么主动变速器的工作状态就好像电动机和内燃机安装在同一根轴上一样。这种布置方式与并联混合动力驱动装置的完全一样。在主动变速器内通过接合两个片式离合器可以实现所有固定基本挡位。

处于基本挡位 1 时的动力传输如图 5.41 所示。

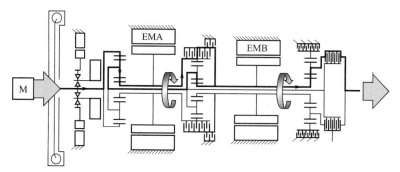

图 5.41　处于基本挡位 1 时的动力传输

处于基本挡位 2 时的动力传输如图 5.42 所示。

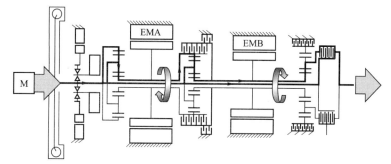

图 5.42　处于基本挡位 2 时的动力传输

处于基本挡位 3 时的动力传输如图 5.43 所示。

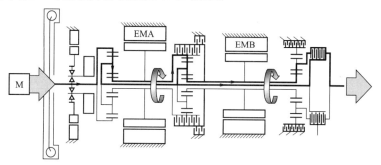

图 5.43　处于基本挡位 3 时的动力传输

处于基本挡位 4 时的动力传输如图 5.44 所示。

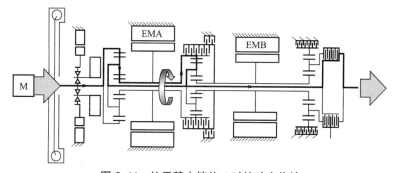

图 5.44　处于基本挡位 4 时的动力传输

4) 没有动力传输

由于在内燃机与主动变速器之间没有中央离合器，主动变速器必须提供一种在变速器输入轴与变速器输出轴之间没有动力传输的状态。这样可确保在内燃机自由转动的同时车辆不会移动。相反也可以确保在车轮自由滚动的同时内燃机不会输出或吸收转矩。没有动力传输的状态通过断开所有四个片式离合器来实现。内燃机运转时电动机也随之运转，此时电动机不产生任何负荷，既不作为发电机也不作为电动机驱动。内燃机转速超过 4000r/min 时，电动机就会达到超过自身设计要求的过高转速，因此在这种变速器状态下会通过电子限速使内燃机转速低于 4000r/min。

5) 挡位形成

如上所述，主动变速器可提供两个 ECVT 模式、四个固定挡位及一种没有动力传输的状态。从驾驶员的角度来说，E72 有七个前进挡位、一个倒车挡及空挡和驻车变速杆位置，如表 5.4 所示，下面介绍从驾驶员角度来说的挡位变化时主动变速器的内部状态。

表 5.4　挡位及状态

从驾驶员角度来说的挡位	主动变速器的内部状态
1	固定的基本挡位 1
2	ECVT 模式 1
3	固定的基本挡位 2
4	ECVT 模式 2
5	固定的基本挡位 3
6	ECVT 模式 2
7	固定的基本挡位 4

（1）前进挡。

只有在运动模式或手动模式下进行起步或以极低车速行驶时才会用到前进挡 1。在驾驶模式下始终以前进挡 2 起步。

前进挡 2、前进挡 4、前进挡 6 通过主动变速器内的 ECVT 模式实现。但是使用这些挡位时，主动变速器并不像 CVT 变速器那样工作，从而使发动机转速和车速彼此独立变化。在所有前进挡位下，主动变速器的工作状态从外部看来就像带有多个挡位的传统自动变速器一样，也就是说即使在 ECVT 模式下也可以通过相应控制电动机调节出恒定传动比。主动变速器在各挡位时速度与转速曲线如图 5.45 所示。

在传统动力装置车辆上也利用内燃机制动效果（发动机制拖力矩）使车辆减速，但就混合动力车辆而言，在车辆减速时达到较高内燃机转速却并不适宜。这种车辆并非主要利用发动机制拖力矩而是通过电动机来使车辆减速，同时还能通过电动机回收利用制动能量。因此进行制动时，运行策略会调节尽可能低的内燃机转速。车速较高时，E72 的主动变速器可为此提供另一个挡位，即"第八挡"。该挡位在 ECVT2 模式下实现，负责将内燃机转速降至第七挡水平以下；但是"第八挡"仅用于滑行模式和制动过程，因为在驱动情况下，电动机的损失会使总效率低于第七挡时。

（2）纯电动行驶方式。

全混合动力车辆包括 E72 可实现纯电动行驶方式，即内燃机保持静止状态，仅通过电

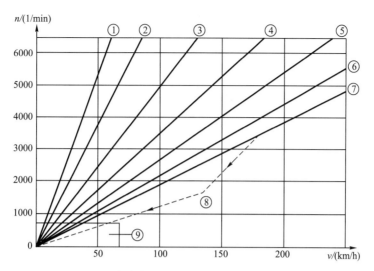

图 5.45　主动变速器在各挡位时速度与转速曲线

动机驱动车辆。这种纯电动行驶方式只能在特定条件下实现，如在最高约 60 km/h 的较低车速、高电压蓄电池电量充足、驾驶员的加速要求适中时。以电动方式行驶时，主动变速器处于 ECVT1 模式（通过电动机 B 驱动）或 ECVT2 模式（通过两个电动机驱动）。驾驶员松开加速踏板或操作制动踏板时，电动机作为发电机工作。电动机产生电能并将其存储在高电压蓄电池内。

（3）起动和关闭内燃机。

无法继续满足纯电动行驶条件时，如驾驶员猛踩加速踏板时，就必须起动内燃机。为使内燃机加速到起动转速，电动机 A 会进行工作并起动发动机。同时电动机 B 继续驱动车辆而且必须提供额外转矩，该额外转矩用于补偿电动机 A 所产生的用于起动内燃机的转矩。动力传动路线如图 5.46 所示。

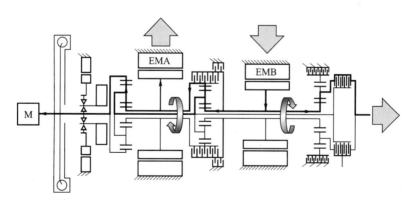

图 5.46　内燃机起动期间的动力传输

如果在车辆静止期间起动内燃机，电动机 A 起到起动机功能，电动机 B 提供转矩支持，但变速器必须处于没有动力传输的状态，因为只有这样才能使变速器输出轴没有转矩。只要内燃机达到起动转速，就会启用点火开关和燃油喷射装置，之后内燃机便不再吸收任何转矩，而是将其输送给主动变速器。通过内燃机和电动机 B 共同驱动车辆，起动内燃机不必达到某一特定车速。内燃机起动和电动行驶均可在整个车速范围内实现。

（4）倒车挡。

主动变速器没有机械倒车挡，而是在 ECVT1 模式下实现倒车行驶，为此电动机 B 作为电动机受控工作，且旋转方向与向前行驶时相反。根据高电压蓄电池的充电状态可以实现纯电动方式倒车行驶。需要时还会接通内燃机，从而通过电动机 A 为电动机 B 提供充足电能。倒车行驶时也会形成从内燃机至变速器输出端的驱动路径。但以此方式传输的内燃机转矩会驱动车辆向前行驶，因此由电动机 B 进行抵消。因此在内燃机接通的情况下进行倒车行驶时，主动变速器以功率分支式混合动力驱动方式工作。

（5）空挡和驻车。

空挡和驻车这两种变速杆位置在主动变速器内均通过没有动力传输的状态实现。变速杆处于空挡位置时，混合动力驻车锁并未接合，因此车轮可以自由滚动。变速杆处于驻车位置时，混合动力驻车锁接合，以此防止车辆自行移动。

4. 供电

E72 的车载供电可分为电动机驱动（交流电压高电压）、直流电压高电压车载网络、14V 车载网络三个部分，如图 5.47 所示。

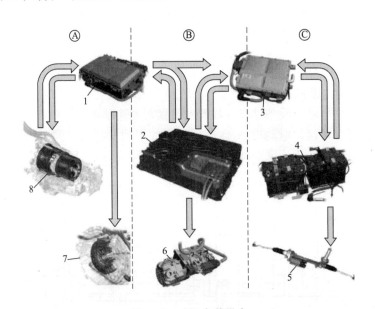

图 5.47　E72 车载供电

A—交流电压高电压车载网络（AC）；B—直流电压高电压车载网络（DC）；C—14V 车载网络（DC）；
1—供电电控箱（PEB）；2—高电压蓄电池；3—辅助电源模块（APM）；4—两个 12V 蓄电池；
5—电子助力转向系统（EPS）；6—电动空调压缩机（EKK）；7—混合动力机油泵电动机；8—电动机 A 和 B

电动机驱动装置由两个电动机和供电电控箱（PEB）组成，电动机既可通过发电动机方式（能量发生器）又可通过电动机方式驱动。AC‐DC 转换器（连接电动驱动装置和高电压车载网络）和 DC‐DC 转换器（高电压车载网络和 14V 车载网络）作为连接元件使用。两个转换器都可进行双向驱动。高电压车载网络的主要元件是高电压蓄电池。在 E72 上使用镍‐氢蓄电池。该高电压蓄电池可在车辆静止状态下或以电动方式行驶时确保能量供应等。

高电压车载网络内的其他车载网络设备还包括电动空调压缩机(EKK)和变速器油泵(EM-PI)。14V 车载网络与以前车辆的能量车载网络相同,但由 DC－DC 转换器为其提供能量。DC－DC 转换器取代了之前的发电机。因此在行驶状态下 14V 车载网络的电能供应不再取决于内燃机的转速。E72 的内燃机通过一个电动机起动。因此 E72 取消了传统起动机。

与 E71 不同,E72 的内燃机(VM)不再通过 12V 蓄电池而是通过高电压蓄电池起动。12V 蓄电池在 E72 上只需确保高电压系统开始运行。对 12V 蓄电池的要求不再是确保发动机起动的最低 SOC,而是在零下温度时防止 12V 蓄电池结冰以及使高电压网络开始运行的最低 SOC。

5. 高电压蓄电池单元

高电压蓄电池单元是一个完整系统,不仅包含高电压蓄电池本身,还包括蓄电池控制模块(BCM)ECU、电动机械式接触器、高电压导线接口、高电压安全插头、冷却系统、通风装置。

高电压蓄电池单元的主要任务是从高电压车载网络吸收、储存电能并在需要时提供。它还执行有助于确保高电压系统安全的重要任务,如高电压接触监控。此外,高电压蓄电池单元还能关闭供电和防止重新接通,从而确保安全地在高电压系统上进行工作。高压蓄电池的安装布置如图 5.48 所示。

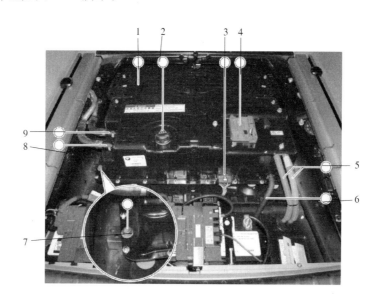

图 5.48　高电压蓄电池单元的安装布置

1—高电压蓄电池单元壳体;2—冷却液补液罐密封盖;3—低电压导线接口;4—高压电安全插头;
5—高电压导线;6—通风软管;7—固定螺栓;8—冷却液供给管路接口;
9—冷却液回流管路接口

高电压蓄电池是高电压系统的实际蓄能器。通过串联总共 260 个电解槽(额定电压 1.2V)得到 312V 额定电压。每十个电解槽组成一个模块。13 个模块并排布置,构成一列。两列叠加布置,构成整个高电压蓄电池套件,高压蓄电池内部原理如图 5.49所示。

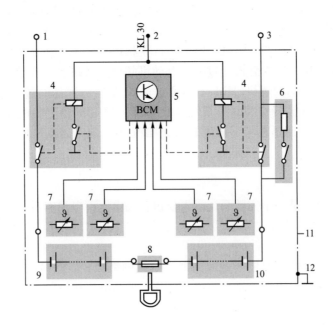

图 5.49　高电压蓄电池单元

1—高电压蓄电池单元负极接口；2—连自安全型蓄电池接线柱的总线端 30；
3—高电压蓄电池单元正极接口；4—电动机械式接触器；5—蓄电池控制模块；
6—切换为电压缓慢升高；7—蓄电池电解槽上的温度传感器；8—带有熔丝的高电压安全插头；
9—第一列蓄电池电解槽；10—第二列蓄电池电解槽；11—高电压蓄电池单元壳体；
12—通过接地连接补差电位

每列蓄电池电解槽都装有两个温度传感器，用于监控电解槽温度并根据需要调节冷却功率。每个模块的电压也同样受到监控，从而避免各电解槽电量过低或过高。流入和流出高电压蓄电池的电流强度通过一个电流传感器进行测量和电子监控。

蓄电池控制模块安装在高电压蓄电池单元内部，从外部无法接触到，负责执行以下功能：

（1）控制冷却循环回路。

（2）确定高电压蓄电池的充电状态和老化状态（SOH）。

（3）确定（以及根据需要限制）高电压蓄电池的可用功率。

（4）由混合动力主控控制单元根据要求控制高电压系统的启动和关闭。

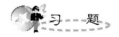习——题

1. 简述混合动力汽车的分类。
2. 绘制串联式和并联式混合动力系统的布置简图，并叙述其动力传递过程。
3. 丰田凯美瑞混合动力汽车动力系统由哪些主要部件组成，各自的作用是什么？
4. 奥迪 Q5 混合动力汽车动力系统由哪些主要部件组成，各自的作用是什么？
5. 宝马 X6 混合动力汽车动力系统由哪些主要部件组成，各自的作用是什么？

6. 总结归纳丰田凯美瑞、奥迪 Q5、宝马 X6 三款混合动力汽车的动力电池参数，各属于哪个类型的混合动力系统。

7. 现在各大厂商都大力发展新能源汽车，其中主要以混合动力汽车和纯电动汽车为主。试分析纯电动汽车和插电式混合动力汽车各自的优点和缺点。

参 考 文 献

[1] 曹红兵. 现代汽车电子控制技术 [M]. 北京：机械工业出版社，2012.

[2] 冯崇毅，鲁植雄，何丹娅. 汽车电子控制技术 [M]. 北京：人民交通出版社，2011.

[3] 吴文林，林春妹. 汽车防盗及中控门锁系统应急维修实例 [M]. 北京：人民邮电出版社，2006.

[4] 许智宏. 国产汽车防盗及中控门锁系统维修精华 [M]. 北京：机械工业出版社，2005.

[5] 代新雷. 车身控制系统检修 [M]. 北京：北京理工大学出版社，2012.

[6] 陈勇. 汽车中控门锁及防盗系统结构原理与维修 [M]. 江苏：江苏科学技术出版社，2007.

[7] 李伟. 奥迪 A5 第五代防盗系统 [J]. 汽车维修与保养，2012，3：63 - 66.

[8] 吕红明，吴钟鸣. 汽车电器与电子技术 [M]. 北京：国防工业出版社，2012.

[9] 王尚勇，杨青. 柴油机电子控制技术 [M]. 北京：机械工业出版社，2005.

[10] 杨庆彪. 混合动力汽车结构原理与维修 [M]. 北京：中国劳动社会保障出版社，2013.

[11] 谭本忠. 丰田凯美瑞维修手册 [M]. 北京：化学工业出版社，2012.

[12] [美] 米春亭. 混合动力电动汽车原理及应用前景 [M]. 北京：机械工业出版社，2013.

[13] 施卫，倪彰，王奎洋. 汽车发动机管理系统实训教程 [M]. 重庆：重庆大学出版社，2008.

[14] 李伟. 新型直喷、混合动力发动机构造原理与故障排除 [M]. 北京：机械工业出版社，2014.

北京大学出版社汽车类教材书目

序号	书　名	标准书号	著作者	定价	出版日期
1	汽车构造(第2版)	978-7-301-19907-7	肖生发，赵树朋	56	2014.1
2	汽车构造学习指导与习题详解	978-7-301-22066-5	肖生发	26	2014.1
3	汽车发动机原理(第2版)	978-7-301-21012-3	韩同群	42	2013.5
4	汽车设计	978-7-301-12369-0	刘涛	45	2008.1
5	汽车运用基础	978-7-301-13118-3	凌永成，李雪飞	26	2008.1
6	现代汽车系统控制技术	978-7-301-12363-8	崔胜民	36	2008.1
7	汽车电气设备实验与实习	978-7-301-12356-0	谢在玉	29	2008.2
8	汽车试验测试技术（第2版）	978-7-301-25436-3	王丰元，邹旭东	36	2015.3
9	汽车运用工程基础(第2版)	978-7-301-21925-6	姜立标	34	2016.3
10	汽车制造工艺（第2版）	978-7-301-22348-2	赵桂范，杨　娜	40	2013.4
11	车辆制造工艺	978-7-301-24272-8	孙建民	45	2014.6
12	汽车工程概论	978-7-301-12364-5	张京明，江浩斌	36	2008.6
13	汽车运行材料（第2版）	978-7-301-22525-7	凌永成	45	2015.6
14	汽车运动工程基础	978-7-301-25017-4	赵英勋，宋新德	38	2014.10
15	汽车试验学	978-7-301-12358-4	赵立军，白　欣	28	2014.7
16	内燃机构造	978-7-301-12366-9	林　波，李兴虎	26	2014.12
17	汽车故障诊断与检测技术	978-7-301-13634-8	刘占峰，林丽华	34	2013.8
18	汽车维修技术与设备（第2版）	978-7-301-25846-0	凌永成	36	2015.6
19	热工基础（第2版）	978-7-301-25537-7	于秋红，鞠晓丽等	45	2015.3
20	汽车检测与诊断技术	978-7-301-12361-4	罗念宁，张京明	30	2009.1
21	汽车评估（第2版）	978-7-301-26615-1	鲁植雄	38	2016.1
22	汽车车身设计基础	978-7-301-15619-3	王宏雁，陈君毅	28	2009.9
23	汽车车身轻量化结构与轻质材料	978-7-301-15620-9	王宏雁，陈君毅	25	2009.9
24	车辆自动变速器构造原理与设计方法	978-7-301-15609-4	田晋跃	30	2009.9
25	新能源汽车技术（第2版）	978-7-301-23700-7	崔胜民	39	2015.4
26	工程流体力学	978-7-301-12365-2	杨建国，张兆营等	35	2011.12
27	高等工程热力学	978-7-301-16077-0	曹建明，李跟宝	30	2010.1
28	汽车电气设备（第2版）	978-7-301-16916-2	凌永成，李淑英	38	2014.1
29	汽车电气设备	978-7-301-24947-5	吴焕芹，卢彦群	42	2014.10
30	汽车电器与电子设备	978-7-301-25295-6	唐文初，张春花	26	2015.2
31	现代汽车发动机原理	978-7-301-17203-2	赵丹平，吴双群	35	2013.8
32	现代汽车新技术概论（第2版）	978-7-301-24114-1	田晋跃	42	2016.1
33	现代汽车排放控制技术	978-7-301-17231-5	周庆辉	32	2012.6
34	汽车服务工程（第2版）	978-7-301-24120-2	鲁植雄	42	2015.4
35	汽车使用与管理	978-7-301-18761-6	郭宏亮，张铁军	39	2013.6
36	汽车数字开发技术	978-7-301-17598-9	姜立标	40	2010.8
37	汽车人机工程学	978-7-301-17562-0	任金东	35	2015.4
38	专用汽车结构与设计	978-7-301-17744-0	乔维高	45	2014.6
39	汽车空调	978-7-301-18066-2	刘占峰，宋　力等	28	2013.8
40	汽车空调技术	978-7-301-23996-4	麻友良	36	2014.4
41	汽车CAD技术及Pro/E应用	978-7-301-18113-3	石沛林，李玉善	32	2015.4
42	汽车振动分析与测试	978-7-301-18524-7	周长城，周金宝等	40	2011.3
43	新能源汽车概论（第2版）	978-7-301-25633-6	崔胜民	37	2016.3
44	新能源汽车基础	978-7-301-25882-8	姜顺明	38	2015.7
45	汽车空气动力学数值模拟技术	978-7-301-16742-7	张英朝	45	2011.6

序号	书　名	标准书号	著作者	定价	出版日期
46	汽车电子控制技术(第2版)	978-7-301-19225-2	凌永成，于京诺	40	2015.1
47	车辆液压传动与控制技术	978-7-301-19293-1	田晋跃	28	2015.4
48	车辆悬架设计及理论	978-7-301-19298-6	周长城	48	2011.8
49	汽车电器及电子控制技术	978-7-301-17538-5	司景萍，高志鹰	58	2012.1
50	汽车车身计算机辅助设计	978-7-301-19889-6	徐家川，王翠萍	35	2012.1
51	现代汽车新技术	978-7-301-20100-8	姜立标	49	2016.1
52	电动汽车测试与评价	978-7-301-20603-4	赵立军	35	2012.7
53	电动汽车结构与原理	978-7-301-20820-5	赵立军，佟钦智	35	2015.1
54	二手车鉴定与评估	978-7-301-21291-2	卢伟，韩平	36	2015.4
55	汽车微控制器结构原理与应用	978-7-301-22347-5	蓝志坤	45	2013.4
56	汽车振动学基础及其应用	978-7-301-22583-7	潘公宇	29	2015.2
57	车辆优化设计理论与实践	978-7-301-22675-9	潘公宇，商高高	32	2015.2
58	汽车专业英语	978-7-301-23187-6	姚嘉，马丽丽	36	2013.8
59	车辆底盘建模与分析	978-7-301-23332-0	顾林，朱跃	30	2014.1
60	汽车安全辅助驾驶技术	978-7-301-23545-4	郭烈，葛平淑等	43	2014.1
61	汽车安全	978-7-301-23794-6	郑安文	45	2015.4
62	汽车安全概论	978-7-301-22666-7	郑安文，郭健忠	35	2015.10
63	汽车系统动力学与仿真	978-7-301-25037-2	崔胜民	42	2014.11
64	汽车营销学	978-7-301-25747-0	都雪静，安惠珠	50	2015.5
65	车辆工程专业导论	978-7-301-26036-4	崔胜民	35	2015.8
66	汽车保险与理赔	978-7-301-26409-6	吴立勋，陈立辉	32	2016.1
67	汽车理论	978-7-301-26758-5	崔胜民	32	2016.1
68	新能源汽车动力电池技术	978-7-301-26866-7	麻友良	42	2016.3
69	汽车车身控制系统	978-7-301-27023-3	杭卫星	28	2016.5
70	汽车发动机管理系统	978-7-301-27083-7	贝绍轶	28	2016.6

　　如您需要更多教学资源如电子课件、电子样章、习题答案等，请登录北京大学出版社第六事业部官网 www.pup6.cn 搜索下载。

　　如您需要浏览更多专业教材，扫描下面的二维码，关注北京大学出版社第六事业部官方微信（微信号：pup6book），随时查询专业教材、浏览教材目录、内容简介等信息，并可在线申请纸质样书用于教学。

　　感谢您使用我们的教材，欢迎您随时与我们联系，我们将及时做好全方位的服务。联系方式：010-62750667，童编辑，13426433315@163.com，pup_6@163.com，lihu80@163.com，欢迎来电来信。客户服务 QQ 号：1292552107，欢迎随时咨询。